BÖHM/FUCHS
ERZIEHUNG NACH
MONTESSORI

ERZIEHUNG
NACH MONTESSORI

von

Winfried Böhm und Birgitta Fuchs

KLINKHARDT

2004

VERLAG JULIUS KLINKHARDT • BAD HEILBRUNN / OBB.

Renilde Montessori

in freundschaftlicher Verbundenheit

Die Deutsche Bibliothek – Cip-Einheitsaufnahme

Ein Titelsatz für diese Publikation ist bei
der Deutschen Bibliothek
erhältlich.

Gestaltung der Umschlagseite 1 unter Verwendung
einer Originalzeichnung der italienischen Kinderbuchillustratorin Nicoletta Costa.

2004.1.r. © by Julius Klinkhardt.

Druck und Bindung:
WB-Druck, Rieden
Printed in Germany 2004
Gedruckt auf chlorfrei gebleichtem alterungsbeständigem Papier
ISBN 3-7815-1309-2

Inhalt

Vorwort

Maria Montessori (1870–1952) gehört zweifellos zu den bedeutendsten Pädagogen des 20. Jahrhunderts. Weltweit gesehen ist sie wohl die bekannteste Frau, die im vergangenen Jahrhundert einen innovativen Beitrag zur Pädagogik geleistet hat.
Dabei begann ihre Laufbahn keineswegs in der Erziehung, sondern sie studierte zuerst Medizin und Naturwissenschaften, und sie zeigte sich dabei gleicherweise fasziniert von dem Fortschritt, den die empirischen Wissenschaften am Ausgang des 19. Jahrhunderts genommen hatten, wie auch von der Theosophie, die in jener Zeit den kühnen Versuch unternahm, das Wissen der Menschheit zu einem Ganzen zu verschmelzen: östliches und westliches Denken ebenso wie Wissenschaft und Religion. Positive Wissenschaft und theosophischer Glaube sind die beiden Grundpfeiler, auf denen die Pädagogik Maria Montessoris beruht.
Wenn man heute den Namen Montessori hört, ist man freilich eher geneigt, an eine Erziehungsmethode zu denken, die in Kindergärten und Grundschulen auf der ganzen Welt praktiziert wird und in einigen Ländern sogar bis zu den Sekundarschulen weiterentwickelt worden ist. Dabei ist dieser Blick allein auf die Methode freilich „einäugig“ und gefährlich; er übersieht nämlich leicht, dass die Erfindung einer neuen Erziehungsmethode keineswegs das Hauptanliegen der italienischen Wissenschaftlerin war – Maria Montessori war selbst kontinuierlich niemals als Erzieherin oder Lehrerin tätig –, sondern dass ihre Hauptsorge der Artikulation und Verbreitung eines neuen „Bildes vom Kinde“ galt. Maria Montessori war tief davon überzeugt, dass eine Verbesserung der Erziehung und der Schule nicht durch eine neue Erziehungs- und Unterrichtsmethode bewirkt werden könnte, sondern von einem neuen Denken über Erziehung und von einer neuen Vision des Kindes ausgehen müsse.
Eine Erneuerung von Erziehung und Schule muß also in den Köpfen der Erzieher und Lehrer beginnen. Deshalb hat sich Maria Montessori zeit ihres Lebens darum bemüht, das Bewußtsein und das Denken von Erziehern und Lehrern zu verändern. Diese Bewußtseinsänderung ergibt sich nicht wie von selbst aus der Kenntnis neuer Lehrmaterialien oder aus dem Erlernen einer neuen Erziehungs- und Lehrmethode, sondern sie verlangt nach ernsthaftem Nachdenken: einem kritischen *Nach*denken über die tatsächlich geschehene Erziehung und Schule und einem projektierenden *Voraus*denken einer möglichen besseren Erziehung und Schule. Zu diesem neuen Denken hat Maria Montessori viele Anstöße und Anregungen gegeben – in ihren zahlreichen Büchern und in ihren Hunderten von Ausbildungskursen und Vorträgen für Eltern und Lehrer in der ganzen Welt.

Dabei sind ihre Thesen oft stark zugespitzt und bisweilen auch sehr provokativ, aber das war und ist bei vielen großen Denkern in der Geschichte der Fall. Deshalb verlangen Montessoris Gedanken danach, sorgfältig erwogen, kritisch geprüft und dann in das eigene Denken integriert oder zurückgewiesen zu werden. Die pädagogische Theorie Maria Montessoris gewinnt damit bleibende Aktualität. Großen Erziehern (also herausragenden Praktikern von Schule und Erziehung) schuldet die Menschheit Respekt und Verehrung und bewahrt ihnen ein ehrendes Gedächtnis; aber diese Erinnerungen verblassen früher oder später im Dämmerlicht der Geschichte. Großen Pädagogen (also den klassischen Denkern über Erziehung und Schule) ist anders zu begegnen: ihre Gedanken bleiben insofern „aktuell", als sie jede Generation immer wieder neu dazu herausfordern, sich mit ihnen auseinanderzusetzen und das eigene Denken an ihnen zu erproben und zu schärfen. Als eine große pädagogische Denkerin ist Montessori aktuell und wird sie aktuell bleiben, auch wenn eines Tages kein einziger Mensch auf der ganzen Welt ihre Erziehungsmethode noch gebrauchen sollte.

Der Titel, den wir diesem Buch gegeben haben, läßt sich vor diesem Hintergrund wenigstens auf zweifache Weise verstehen.

Erziehung nach Montessori kann so aufgefaßt werden, als ginge es hier darum, von der italienischen Ärztin und Biologin unfehlbare Antworten auf alle pädagogischen Fragen und ebenso Rat und Hilfe in allen erzieherischen Schwierigkeiten zu empfangen. Die Montessori-Pädagogik würde in solcher Sicht zu einer Art pädagogischen Heilswissens hochstilisiert und ihre Schöpferin womöglich gar zu einem pädagogischen Guru verklärt. Das Interesse der Leser und Leserinnen würde sich dabei in erster Linie auf Montessoris Didaktik und auf ihre Methode richten. Die theoretischen Grundlagen und die pädagogischen Ideen Maria Montessoris träten dagegen in den Hintergrund.

Erziehung nach Montessori kann aber auch so gemeint sein, dass praktisch tätige Erzieher und Lehrer sich mit den pädagogischen Grundgedanken und Prinzipien Maria Montessoris vertraut machen und *nach* dieser kritischen Beschäftigung mit der Pädagogik Maria Montessoris zu einem eigenen Standpunkt finden und selbstständiger pädagogisch denken und erzieherisch handeln lernen. In diesem Falle ginge es nicht in erster Linie darum, Maria Montessori konkrete Lösungen oder praktische Rezepte abzugewinnen, sondern sich von ihr zu eigenem Nachdenken und zu mündigem Handeln ermutigen und anregen zu lassen.

Handelte es sich im ersten Falle darum, von Montessori konkrete Vorschläge zur Überwindung von Erziehungs- und Disziplinschwierigkeiten des Alltags *zu empfangen*, so richtet sich im zweiten Falle der Blick auf die pädagogischen Prinzipien und die spezifische Aufforderung, *selbst pädagogisch zu denken* und eigenverantwortlich erzieherisch zu handeln.

Die Autoren dieses Buches verstehen die Absicht dieser Veröffentlichung eindeutig in diesem zweiten Sinne. Sie sind nämlich der Überzeugung, dass weder die Ausbildung noch (erst recht nicht) die Weiterbildung von Erziehern und Lehrern allein darin bestehen sollte, ihr methodisch-didaktisches Geschick zu verfeinern oder ihnen praktikable Rezepte und eine anwendbare Methode in die Hand zu geben. Sie vertreten beide den Standpunkt, dass gerade gehunsichere Erzieher und Lehrer nicht eines Methodengeländers bedürfen, an dem sie sich in ihrem schulischen und erzieherischen Alltag entlanghangeln, sondern dass nur klare pädagogische Prinzipien und ein eigenständiges pädagogisches Denken ihnen einen aufrechten Gang und sicheren Stand erlauben.
Die in diesem Band gesammelten Texte sind als Vorträge entstanden, die allesamt entweder bei nationalen oder internationalen Montessori-Kongressen gehalten und vor einem Publikum vorgetragen wurden, das mit der Pädagogik Maria Montessoris gut vertraut war. Bei allen diesen Anlässen reagierten die Zuhörenden lebhaft bis erregt, und sie zeigten sich zur Auseinandersetzung und zum kritischen Nachdenken herausgefordert. Würden Sie als Leserinnen und Leser dieses Buches ähnlich reagieren, wäre die Absicht dieser Publikation erreicht.

Winfried Böhm

Was bleibt „aktuell" an Montessori?

Ohne die geringste Gefahr des Widerspruchs kann man einen Vortrag[1] über Maria Montessori heute mit der Feststellung beginnen, die italienische Ärztin und Anthropologin gehöre zu den bekanntesten Pädagogen des 20. Jahrhunderts; unter den Pädagoginnen ist sie gar die bekannteste. Will man der Sache gerecht werden, wird man allerdings dieser ersten Feststellung eine zweite sogleich hinzufügen müssen, die da lautet, diesem enormen Bekanntheitsgrad der Pädagogin Maria Montessori entspreche auch nicht annähernd ein Maß an Vertrautheit mit ihrer Pädagogik. Mit anderen Worten: Die Person bzw. ihr Name ist in aller Munde; um die genaue Kenntnis ihrer pädagogischen Lehre ist es dagegen weniger gut bestellt.

Wenn wir uns hier die Frage nach der Aktualität Montessoris stellen, dann geht es uns natürlich nicht in erster Linie um die Person Maria Montessoris, sondern um ihr Werk, das heißt darum, was diese Frau gedacht, geschrieben und an pädagogischen Anregungen gegeben hat, denn nicht Personenkult soll hier betrieben, sondern eine Pädagogik vergegenwärtigt werden, von der angenommen wird, sie habe ihre Bedeutung in den 100 Jahren seit ihrer Entstehung nicht eingebüßt. Damit will nicht gesagt sein, die Schöpferin dieser Pädagogik sei ohne Belang und man könne sie daher bei einer Erörterung der Montessori-Pädagogik aus dem Spiele lassen; im Gegenteil, es gäbe durchaus eine ganze Palette von Charakterzügen und menschlichen Eigenschaften an der Hochschulprofessorin Maria Montessori, die ausgesprochen „aktuell" erscheinen. Da wäre ihr engagiertes Eintreten für die Rechte der Frau, das die junge Akademikerin um die Wende zum 20. Jahrhundert zu einer der führenden europäischen Frauenkämpferinnen werden ließ, ohne dass sie sich je in feministische Denkschablonen einordnen oder zur muffligen Soufragette machen ließ; – als sie 1896 beim Internationalen Frauenkongreß in Berlin sprach, rühmte die Presse gleichermaßen ihre herausragende Begabung zur treffsicheren Problemanalyse wie die frauliche Attraktivität der bildschönen Italienerin. Da wäre weiterhin ihr Geschick, oder sagen wir es schärfer: ihre Cleverness zu nennen, womit sie es zeitlebens verstand, sich selbst immer wieder in das Licht der Öffentlichkeit zu rücken und ihre Gedanken und ihre Methode wirksam in die Medien zu bringen, – welchem Pädagogen wäre es schon gelungen, eine Erziehungsmethode so in das öffentliche Bewußtsein seines Landes zu lavieren, dass sie als nationaler Beitrag zu einer Weltausstellung ausgewählt würde! Italien verschiffte 1915 eine ganze Montessori-Klasse nach San

Francisco, und als Leiterin dieser Ausstellungsklasse stellte sich keine geringere als die später weltberühmte Pädagogin Helen Parkhurst zur Verfügung. Da wäre schließlich noch an Maria Montessoris geradezu verblüffendes Organisationstalent zu erinnern, das es ihr ermöglichte, eine weltumspannende Montessori-Bewegung mit Montessori-Gesellschaften und einem dichten Netz von Montessori-Ausbildungskursen aufzubauen und lebendig zu erhalten, von denen sich immer wieder Nebengruppierungen, Vereinigungen, Arbeitskreise, Landesverbände u.ä. abspalteten (was von Maria Montessori nicht einmal ungern gesehen wurde, denn sie wußte nur zu gut, dass nichts der Publizität ihrer Pädagogik förderlicher sein konnte, als wenn man sich über sie stritt und wenn profilierte Persönlichkeiten – gleich welcher Herkunft – an die Spitze der Bewegung traten). In der langen Liste renommierter Namen von Präsidenten oder Vorstandsmitgliedern nationaler Montessori-Gesellschaften stehen Alexander Graham Bell (der Erfinder des Telefons), die Tochter des US-Präsidenten Wilson, der christlich-existentialistische Dichter-Philosoph Gabriel Marcel, der konservative Politiker Konrad Adenauer und der faschistische Diktator Benito Mussolini – um nur einige wenige zu nennen – friedlich nebeneinander.

Nicht, dass mit der Erinnerung an dergleichen Charakterzüge ihrer Schöpferin eine Erklärung für die weltweite Aktualität der Montessori-Pädagogik gegeben werden soll, aber man wird bei unvoreingenommener Betrachtung doch einräumen müssen, dass ohne diese persönlichen Befähigungen Montessoris ihre Pädagogik schwerlich einen solchen Siegeszug rund um die Welt und mitten in die öffentliche Diskussion über Kindererziehung und Schulreform angetreten hätte. Gewiß, die geschichtliche Gunst der Stunde kam Montessori kräftig zu Hilfe. Um die Wende zum 20. Jahrhundert gerieten das im 19. Jahrhundert auf- und ausgebaute staatliche Schulsystem, sein kasernenhafter Drill, die im Schematismus von Curricula erstarrten Lehrverfahren, die überkommenen bürgerlichen Erziehungsvorstellungen allesamt in die Kritik; ja, die ganze Kultur wurde damals – ähnlich wie in unseren Tagen – in Frage gestellt, so dass man der alten Erziehung und Schule, die im wesentlichen in der Vermittlung der Kulturgüter und in der Anpassung des Kindes an die gesellschaftlichen Wert- und Lebensvorstellungen bestanden hatten, allgemein und mit leidenschaftlicher Begeisterung eine *neue Erziehung,* die „vom Kinde aus“zugehen hätte, und eine neue, sprich: *alternative Schule,* die sich deutlich von der unbeweglich gewordenen und in bürokratischer Verwaltung erstickten staatlichen Regelschule unterscheiden sollte. Montessori ritt also auf dem Wellenkamm der pädagogischen Auseinandersetzungen ihrer Zeit; dass für ihren internationalen Erfolg aber genauso die genannten (und noch andere) Veranlagungen zu öffentlicher Breitenwirkung und Werbung für die eigene Sache ausschlaggebend waren, das kann das Beispiel ihrer italienischen Zeitgenossinnen Clara und Rosa Agazzi deutlich machen. Diese beiden Schwestern entwickelten etwa zeitgleich mit Maria Montessori eine neue Kleinkindpädagogik und Erziehungsmethode, die jener unserer Autorin durchaus ebenbürtig und nicht minder zeitgemäß war; in ihrer Bescheidenheit als tätige Erzieherinnen widmeten sich die Agazzis überwiegend der konkreten Kindergartenpraxis und schrieben erst später Bücher über ihre Methode, während Maria Montessori von Anfang an mit der Autorität der Hochschulprofessorin sprach, schon früh publizistisch hervortrat und, statt sich mit praktischer Kindererziehung abzugeben, lieber darüber schrieb und Kurse veranstaltete. Die Methode Agazzi wurde zwar der in Italien am meisten praktizierte (und dort – in einer modifizierten und weiterentwickelten Form – mehr als die Montessori-Methode verbreitete), aber – soweit ich sehe – über Italien hinaus nicht bekannt gewordene und in der internationalen pädagogischen Diskussion kaum aufgegriffene Weg der Kindererziehung.[2] Montessori hielt es da mehr mit ihrem großen pädagogischen Anreger und Lehrmeister Jean-Jacques Rousseau. An tätiger Kindererziehung zeigte er wenig Interesse, und seine fünf eigenen (übrigens unehelichen) Kinder gab er ins Findelhaus; gleichwohl schrieb er mit seinem „Emile" das meistgelesene Erziehungsbuch der Welt, und er beeinflußte das pädagogische Denken der Neuzeit bis heute in einem Ausmaß, das nur schwerlich überschätzt werden kann. Auch Montessori schickte bekanntlich ihr eigenes (übrigens ebenfalls uneheliches) Kind aufs Land zu einer Amme, und sie versteckte jahrelang den kleinen Mario, um ihre berufliche Karriere als Hochschullehrerin nicht zu gefährden.[3]

An anderer Stelle habe ich den Nachweis geführt, dass Maria Montessori ihre pädagogischen Grundgedanken und auch den Grundriß ihrer Erziehungsmethode in ihren Vorlesungen an der Pädagogischen Hochschule in Rom theoretisch entwickelt und vorgetragen hat, mehrere Jahre ehe sie 1907 als Betreuerin in das von einer römischen Baugesellschaft errichtete erste Kinderhaus kam.[4] Wenn man vielfach hört und liest, Montessori sei eine geniale Praktikerin gewesen und habe ihre Methode aus dem tätigen Umgang mit Kindern heraus gewonnen, so ist das zumindest irreführend, wenn es nicht gar in das Reich der pädagogischen Märchen gehört. Ihre erste Beschäftigung mit Kindern und ihrer Erziehung war durchaus theoretischer und akademischer Natur, was ja auch bei einer Professorin und Doktorin mehr als naheliegt und niemanden verwundern wird. Dass dieser wissenschaftliche Zugang zu pädagogischen Fragen später, als Montessori ihre Hochschullehrertätigkeit aufgegeben hatte und sich nur noch der Ausbreitung ihrer pädagogischen Ansichten und ihrer Erziehungsmethode widmete, durch religiöse Gedanken überlagert und ihre Sprache weniger begrifflich scharf als vielmehr bildhaft anschaulich, bisweilen sogar metaphorisch ausschweifend wurde, das steht auf einem anderen Blatt. Wichtig erscheint, dass Montessori Zeit ihres Lebens weder als Erzieherin in einem Kindergarten und erst recht nicht als Lehrerin in einer Schule kontinuierlich tätig war; damit fehlte ihr überhaupt jenes breite erzieherische Erfahrungsfeld, in dem sie über lange Jahre hinweg in mühsamer Kleinarbeit ihre Methode hätte erarbeiten und erproben können. Den das pädagogische Nachdenken leicht einschläfernden Gedanken, hier habe man eine Pädagogin vor sich, deren pädagogische Theorie ganz aus der erzieherischen Praxis und aus dem unermüdlich tätigen Umgang mit dem Kind hervorgegangen und erwachsen wäre, diesen Gedanken muß man bei Montessori wohl oder übel endlich fallen lassen.

I. Was heißt „Aktualität" einer Pädagogik?

Nicht anders als bei allen großen Figuren in der Geschichte der Pädagogik – von Platon über Augustinus und Thomas von Aquin, von Comenius und Erasmus über Descartes und Rousseau zu Pestalozzi und Fröbel, von Kant, Humboldt, Schleiermacher und Herbart, von Dewey und Makarenko zu Theodor Litt und Wilhelm Flitner – steht Montessoris Pädagogik auf einem festen theoretischen Fundament, und nur so kann ihr Gedankengebäude überhaupt Bestand haben; ruhte es bloß auf praktischen Erfahrungen, dann wäre es nicht nur ebenso beschränkt und zufällig, wie es nun einmal alle menschlichen Erfahrungen sind, sondern es wäre in höchstem Maße wackelig, und der leiseste Windhauch einer neuen Erfahrung müßte es umblasen und zum Einsturz bringen. Um es zugespitzt zu formulieren: Wenn es sich bei der sog. Montessori-Pädagogik um nicht mehr als um die aufgehäufelten Erfahrungen einer italienischen Erzieherin und Lehrerin – was sie ja in Wirklichkeit nie war – in all ihrer raumzeitlichen Zufälligkeit und Beschränktheit handelte, dann hätte sie bestenfalls noch historischen Wert; sie hätte ihre pädagogische Bedeutung aber mit Bestimmtheit längst verloren, und unsere Frage nach der pädagogischen Aktualität Montessoris wäre müßig. Großen Erziehern bringt die Geschichte Achtung und Verehrung entgegen; mit großen Pädagogen hat sie sich ständig neu auseinanderzusetzen. Die Bilder großer Erzieher verblassen im Dämmerlicht der Geschichte; nur die Gedanken (und Theorien) großer Pädagogen bleiben in dem authentischen Sinne des Wortes „aktuell", dass sich jede Gegenwart neu kritisch mit ihnen auseinandersetzen muß.[5]

Wenn wir die Themenfrage dieses Vortrages also nicht auf die Person Maria Montessoris beziehen, sondern auf ihr *Werk* und auch dabei nicht auf ihre (recht bescheidenen) Leistungen als Erzieherin, sondern auf ihre pädagogische *Theorie* und auf den *konzeptuellen Entwurf ihrer Methode,* dann bleibt immer noch zu klären, was wir mit dem Prädikat „aktuell" eigentlich meinen.

Es will scheinen, als könne die Frage, die wir uns hier zum Thema gewählt haben, wenigstens auf drei Ebenen gestellt werden. Auf der obersten und sehr oberflächlichen Ebene könnte man als „aktuell“ im weitesten Sinne des Wortes ansehen, was „gegenwärtig“ ist in Rede und Tat, worüber also gegenwärtig geredet wird und was zu praktizieren man sich anschickt. Ein solches Verständnis von aktuell näherte sich bedenklich dem Begriff der Mode; pädagogische Moden aber kommen und gehen – man denke nur an die vielen pädagogischen Moden, die in den letzten 40 Jahren den Kindergarten überspült haben. Was in Mode kommt, Interesse weckt, Neugier wachruft und Zulauf auf sich zieht, kann wertvoll oder wertlos, kann sinnvoll oder sinnlos sein – über den pädagogischen Wert einer Erziehungstheorie und einer Erziehungsmethode sagen solche Moden nichts, aber auch gar nichts aus. Dass Montessori heute ebenso gefragt wie gesucht, in Rede und Tat gegenwärtig, mithin „in Mode“ ist, steht nicht in Zweifel; für ihre Aktualität in einem tieferen Sinne hat das aber nur wenig Belang.

In einem solchen tieferen Sinne könnte die Frage nach der Aktualität Montessoris meinen, ob die pädagogischen Gedanken, die die Dottoressa (wie sie von ihren Verehrerinnen liebevoll genannt wurde) vor über 100 Jahren zu formulieren begann und die sie in der ersten Hälfte des 20. Jahrhunderts unermüdlich zu verbreiten bedacht war, unseren heutigen Problemen und Schwierigkeiten entsprechen; geben sie hilfreiche Antworten auf unsere heutigen Fragen und Bedürfnisse; weisen sie Wege für erzieherisches Handeln auch in der Gegenwart, und stellen sie Lösungen für pädagogische Probleme in Aussicht, mit denen wir heute zu ringen haben? Ein solches Verständnis von Aktualität hebt also ab auf die *Gleichläufigkeiten bzw. Ähnlichkeiten* zwischen der pädagogischen Problemlage und der erzieherischen Situation zur Zeit Maria Montessoris einerseits und unserer aktuellen Gegenwart andererseits.

Ein noch tieferes Verständnis von Aktualität begnügt sich nicht mit der Frage nach zufälligen und gelegentlichen Modeerscheinungen, aber ebensowenig mit der Frage nach pädagogischen Parallelen zwischen den Jahren 1900 und 2000 (etwa zwischen der Reformpädagogik und heutigen pädagogischen Alternativen), obwohl diese zum Greifen naheliegen. Unsere interessanteste Frage zielt darauf, ob und – wenn ja – was denn an Montessori *bleibend gültig* ist, welche Erkenntnisse, Einsichten und Entwürfe der italienischen Pädagogin schon heute als „klassisch“ in der Hinsicht angesehen werden können, dass sie allgemeine Gültigkeit beanspruchen – unabhängig von der Person und unabhängig von der Zeit. Ist Montessori also auch in diesem klassischen Sinne so „aktuell“, dass ihre Gedanken Bestand haben – gleich, ob es Montessori war, die sie gedacht hat, oder es genauso gut jemand anderes hätte sein können? Erst wenn diese Frage mit guten Gründen bejaht werden kann, läßt sich von einer zeitlosen Aktualität Montessoris sprechen, und nur dann verdient es die italienische Autorin, unter die klassischen Pädagogen nicht nur ihres Jahrhunderts gezählt zu werden.

Es ist dabei freilich offenkundig, dass man diese Frage nur dann unbefangen und unvoreingenommen prüfen und beantworten kann, wenn man sich von jedem Anflug von Personenkult freihält, den Standpunkt des engagierten Montessorianers verläßt und die kritische Fähigkeit aufbringt, Montessori und die Montessori-Pädagogik aus jener Distanz zu betrachten, die allererst Abstand und damit Überblick gewährt.

II. Aktualität im Sinne von Mode

Wenn wir uns also in dieser dreifachen Ausfaltung der Fragestellung die Aktualität Montessoris vergegenwärtigen wollen, so besteht kein Zweifel, dass Montessori – oberflächlich gesehen – stark in Mode ist und lebhaften Zulauf findet, hierzulande ebenso wie anderswo. Aber – so haben wir uns bereits klar gemacht – das besagt wenig; denn auch pädagogische Rattenfänger finden Zulauf, und gar manche pädagogische Scharlatanerie erfreut sich der Mode – man denke nur daran, was sich derzeit alles auf dem üppigen Markte der Therapien tummelt. Dieser oberflächliche Befund kann uns nicht zufriedenstellen, sondern wir haben zu prüfen, ob dieses Interesse zu Recht besteht. Ist etwas dahinter, wenn frustrierte Lehrer und verunsicherte Erzieher[6] lauthals nach Montessori rufen?
Auf der zweiten Ebene gestaltet sich die Antwort schon erheblich schwieriger, denn ob und inwieweit Montessoris seinerzeit formulierte Gedanken unserer heutigen Erziehungssituation und der gegenwärtigen pädagogischen Problemlage entsprechen, läßt sich nicht mit einem Handstreich entscheiden. Gewiß sind unsere erzieherische Situation und unser pädagogisches Problembewußtsein verschieden von der Zeitlage Montessoris. Vieles in Familie, Kindergarten und Schule hat sich geändert; neue und damals kaum vorauszuahnende Probleme sind hinzugekommen; manches freilich ist unverändert geblieben, und einige Probleme sind noch immer so ungelöst wie damals.
Ein Blick auf die *Wandlungen*, die sich in den letzten rund 100 Jahren – und um diesen Zeitraum geht es hier – vollzogen haben, kann lehren, dass die Lebens- und Erziehungssituation des Kindes heute eine ganz andere ist, als sie es kurz vor der Wende zum 20. Jahrhundert war. Der Kindergarten von heute hat wenig gemein mit jenen dumpfen übel riechenden Kinderasylen, wie sie Maria Montessori ebenso bildhaft wie eindringlich beschrieben hat. Die lähmende Passivität des Kindes, über die zu klagen Montessori nicht müde wurde, hat sich in wohltuende Aktivität verwandelt, und Montessoris Bild von den in enge Bänke gezwängten Kindern, die ihr wie in einem Schaukasten aufgespießte tote Schmetterlinge vorkamen, ist zum Glück obsolet geworden. Überhaupt ist ein ganz anderes und neues Verständnis für das Kind entstanden: sah man das Kind damals als einen Noch-nicht-Erwachsenen und damit als minderwertig (im Hinblick auf

den Erwachsenen) an; erschien das Kind seinerzeit wie eine formbare Masse, die der Erwachsene nach seinen Vorstellungen zu kneten und zu biegen hatte, so hat uns die Psychologie des Kindes, richtiger müßte ich sagen: haben uns die Psychologien des Kindes in dem vergangenen Jahrhundert ein vielfältig differenziertes und reich ausfiguriertes Bild vom Kinde gezeichnet und Einsicht sowohl in sein Unbewußtes wie in seine intellektuellen Entfaltungsmöglichkeiten, in die Schatzkammer frühkindlichen Lernens wie in seine schicksalhafte Sozialentwicklung gewährt,[7] sie haben uns aber auch die eigenschöpferischen Selbstgestaltungskräfte des Kindes sehen und achten gelehrt. Die philosophisch-anthropologische Beschäftigung mit dem Kind hat uns die Augen geöffnet für das Personsein schon des Neugeborenen, und in der Kunst hat etwa der junge Leonard Bernstein in seinem 1943 genial komponierten Kinderliederzyklus „I hate Music!" ein Kind der ganzen Welt ins Gewissen singen lassen: „I just found out today that I'm *a person* too – like you".
Die äußere Ausstattung der Schulen hat sich vielleicht gewaltiger geändert, als die architektonischen Stilwandlungen auf anderen Sektoren vermuten lassen. Schulen sind nicht mehr jene Kasernen und Lernfabriken, als die sie Dichter wie Tolstoj, Rilke oder Stefan Zweig feinsinnig beschrieben und als die sie die Pioniere der Reformpädagogik martialisch bekämpft haben. Die Schrebersche Schulbank – damals ein Lieblingsgegenstand pädagogischen Scharfsinns und pädagogischer Examina – ist einer lockeren und kindgemäßen Möblierung (nicht zuletzt auch dank Montessori) gewichen; an Herrn Schreber erinnert uns bestenfalls noch der Schrebergarten seligen Angedenkens.[8] Herrschten zu Montessoris Zeiten weitgehend Unverständnis und Gleichgültigkeit gegenüber Behinderten – ohne großes Federlesen nannte man sie allesamt Krüppel bzw. Idioten, und Montessoris erste Begegnung mit Kindern fand in einem heruntergekommenen „Idiotenasyl" statt –, so zeichnet, verglichen damit, unsere Gesellschaft eine hohe Sensibilität und ein bemerkenswertes Bemühen um differenziertere Diagnosen, wirksamere Hilfen und – statt achtloser Ausgliederung – um soziale und pädagogische Eingliederung aus; der Montessori sehr nahestehende Münchener Pädiater Theodor Hellbrügge ist ein bekanntes Beispiel für dieses Engagement. Als Montessori es anfangs des Jahrhunderts wagte, zur kindlichen Sexualerziehung Stellung zu nehmen, galt dieses Thema als ein strenges Tabu; heute betrachten wir die sexuelle Aufklärung und die Erziehung zu einer personalen Einordnung und Wertung der Geschlechtlichkeit als eine unverzichtbare Aufgabe, und zwar schon in früher Kindheit.[9]
Alle diese Veränderungen – und ihre Liste ließe sich noch lange fortsetzen – können uns leicht als *pädagogischer Fortschritt* erscheinen, angesichts dessen wir uns stolz in die pädagogische Brust werfen. Und jedem überzeugten Montessorianer wird dabei die Brust noch ein wenig stärker schwellen, weiß er doch, dass ein

großer Anteil an diesem Fortschritt Maria Montessori zu danken ist – denkt man nun an die kindgerechte Ausstattung von Kindergarten und Schule, an das neue Verständnis des Kindes – Montessoris bei uns bekanntestes Buch trägt den bezeichnenden Titel „Kinder sind anders" –, an die Offenheit gegenüber Behinderten oder an den freieren Lebensraum und die größere Eigenständigkeit, die wir Kindern heute in aller Regel zubilligen. Aber dieser berechtigte Stolz darf uns nicht blind machen für die *zahlreichen Probleme und Nöte,* die in dem gleichen Zeitraum neu aufgekommen sind und die Erziehung in unseren Tagen nicht unerheblich beschweren.

Man denke beispielsweise an die neuen *Massenmedien,* die mit ihrer Bilderflut die Welt der Kinder überschwemmen. Dabei muss man nicht unbedingt so dunkel sehen wie der amerikanische Kommunikationsforscher Neil Postman, wenn er meint, wir verlernten das diskursive und kritische Denken, weil uns das Fernsehen unaufhörlich mit assoziativen Bilderfolgen das Hirn vollstopft, an denen wir uns am Ende *heillos verdummen* und *zu Tode amüsieren* werden.[10] Für die Kinder aber erscheint verhängnisvoll, dass durch die Massenmedien immer mehr und fremde Welten in ihren Lebensraum hereinbrechen, sie mit Wissensinhalten und Erwachsenenproblemen überschütten (man denke an Kriege, Kriminalität, Konsummentalität, Brutalität, Beziehungslosigkeit etc.), dass am Ende Kinderwelt und Erwachsenenwelt ineinander verschwimmen. Hatte Maria Montessori vor rund 100 Jahren unter dem Motto „Kinder sind anders" ihren Aufklärungsfeldzug für ein Verständnis der kindlichen Eigentümlichkeit und Eigenwelt angetreten und somit der Entdeckung der Kindheit zum Durchbruch verholfen, so droht diese kaum entdeckte Kindheit in dem diffusen Meer der Medienkommunikation und der nivellierenden Bilder bereits wieder zu versinken.[11] Was Kinder heute über Krankheiten, Weltraumfahrt, Naturkatastrophen, Terroranschläge u.ä. wissen, übertrifft den Informationsstand medien-abstinenter Erwachsener oft beträchtlich. Diesem frühen Hineingerissenwerden des Kindes in die rauhe Erwachsenenwelt entspricht auf der anderen Seite eine immer aufwendigere Ausstattung der Kinderwelt mit Spielzeug und Lernmaterialien, wofür in der Zwischenzeit eine florierende Industrie entstanden ist. Beide Tendenzen treiben Kinder heute nicht selten in eine – wie aufmerksame Beobachter meinen – ambivalente, das heißt *widersprüchliche Situation,* in der sie zwischen einerseits immer größerer Freiheit und Freizügigkeit und andererseits ständig wachsender Gängelung und Unterwerfung durch erwachsenengesellschaftliche Kontrollinstanzen verunsichert werden.[12]

III. Aktualität im Sinne der Gleichläufigkeit der Probleme

Die zunehmende Menge, Vielfalt und Intensität der auf Kinder heute einströmenden Reize und die im Abnehmen begriffenen Möglichkeiten der Kinder zu unmittelbaren Erfahrungen führen zu von Fachleuten immer mehr beklagten Konzentrationsstörungen und -mängeln. Hatte Montessori schon zu ihrer Zeit die Polarisation der kindlichen Aufmerksamkeit als den Schlüssel zur Lösung aller Erziehungsprobleme bezeichnet, so erscheinen das Auseinanderstieben der kindlichen Interessen und die Zerstreuung seiner Gegenstandszuwendungen als unabänderliche Folgen der gärend aufgewühlten Situationen, in denen Kinder heute leben und aufwachsen. Genau in dieser Unfähigkeit zu meditativer Stille und zur Konzentration aller Aktivitäten auf einen Bezugspunkt hatte aber Maria Montessori, im Anschluß an ihren sonderpädagogischen Gewährsmann Edouard Séguin, ein untrügliches Zeichen von Behinderung gesehen und in diesem Sinne von den unkonzentrierten Idioten gesprochen. In diesem Licht müßten ihr wohl heute die meisten Kinder als behindert erscheinen, und unter uns Erwachsenen würde sie unzählige als „Idioten" erkennen.
Zu diesen Wandlungen kommen andere *Zeiterscheinungen,* die das Leben der Erwachsenen und der Kinder gleichermaßen in Unruhe versetzen: da sind *Bedrohungen des Friedens,* auf die Montessori zeit ihres Lebens hingewiesen hat, und ihr Anwachsen scheint Montessoris Optimismus von 1949 Lügen zu strafen, als sie zunächst glaubte, nach der verheerenden Katastrophe des Zweiten Weltkrieges könne es nie wieder einen Krieg geben; da sind die *Gefährdungen unserer Umwelt* und die Erschütterungen im Gleichgewicht der Natur, die Montessori als eine der ersten vorausgesehen hat, ohne sie freilich in ihrem ganzen zerstörerischen Ausmaß abschätzen zu können. Seit den 1940er Jahren, also lange bevor von Umwelterziehung, Ökopädagogik u.ä. auch nur der Funke einer Ahnung aufgeglommen war, hat sie das Programm einer kosmischen Erziehung verfochten, das heißt einer Bewußtmachung und Respektierung der das Leben auf unserem Planeten und darüber hinaus regelnden Naturgesetze der Evolution. Zu diesen Bedrohungen haben sich *Irritationen hinsichtlich unseres Wissens und unseres Wertens* gesellt, und diese machen es immer schwieriger, die Welt, in der wir leben, richtig zu verstehen, und noch schwieriger, sie richtig zu beurteilen. *Orientierungslosigkeit* und *Wertunsicherheit* erschüttern Erwachsene und Kinder gleichermaßen; Kinder leiden darunter aber doppelt, wenn ihnen Eltern und Erzieher entgegentreten, die ihnen jene Maßstäbe und Beurteilungsgesichtspunkte nicht mehr geben können, deren sie jedoch bedürfen, wenn sie erwachsen und mündig werden und nicht ihr Leben lang geistig-moralisch infantil bleiben sollen. Montessori hat dieses pädagogische Problem hellsichtig erkannt, und genauso wenig wie ihr großer Vorgänger Rousseau hat sie jemals der individuellen Willkür und dem subjekti-

ven Wohlgefühl das Wort geredet, sondern stets die Notwendigkeit von *Ordnung* – im Intellektuellen ebenso wie im Moralischen – auf das Entschiedenste betont. Wenn die neuen Empfindungsmenschen von heute gegen die angebliche „Verhirnung" zu Felde ziehen und dabei, einer uralten und einfältigen Dichotomie zwischen Verstand und Gefühl folgend, dafür eintreten, dass „die Sachen nicht mehr über den Kopf, sondern über den Bauch laufen" sollen, dann mögen sie sich auf wen immer berufen, nur Montessori dürfen sie bei dergleichen Versinnlichung nicht als Kronzeugin mißbrauchen. Sie stand mit dem Moralisten Rousseau stets auf der Seite der *Versittlichung,* und was den Menschen zum Menschen macht, war für sie nicht der lüsterne Bauch, sondern der denkende Kopf, der auch den Bauch (und unsere Gefühle) zu kontrollieren hat.

So durchgreifend uns die Veränderungen erscheinen mögen, die sich in den Jahrzehnten seit Montessori in Erziehung, Schule und Gesellschaft vollzogen haben, so sind doch eine ganze Reihe von *Ärgernissen* zäh und hartnäckig gleich geblieben; und wenn man die Jeremiaden der damaligen Reformpädagogen (einschließlich Montessori) und die Klagen der heutigen Schulkritiker miteinander vergleicht, stimmen sie in der Sache oft verblüffend überein; höchstens die Wortwahl hat sich verändert.

Was waren und sind die Einwände, die Pädagogen, Lehrer, Psychologen, Therapeuten, Literaten, Journalisten, Politiker, Eltern, Schüler *gegen die Schule* erheben? Auf den ersten Blick richten sie sich gegen die dominierende Stellung des Lehrers und gegen die Überbetonung des Stoffes. Der Lehrer herrsche – so hieß es damals – wie ein „absoluter Monarch", wie ein „General des klassischen Altertums und der Differentialrechnung" (S. Bernfeld), und die Schule klebe am Stoff, sie mache die Schüler satt, wo sie ihren Lernhunger und ihre Wißbegier zu wekken hätte, sie gebe Steine statt Brot (M. Montessori), sie erzeuge nur die „buntschillernden Seifenblasen der Vielwisserei" (G. Kerschensteiner) und fördere einen lebensfernen und schlechten Enzyklopädismus. Auf diese Weise erliege die Schule dem Irrtum, alles lehren zu wollen, was im Leben nützlich sein mag, ohne zu sehen, dass dies das Leben selbst viel besser kann. Man beklagte die Gleichförmigkeit des Unterrichts, das „steife Korsett der Formalstufen" (H. Scharrelmann), den Kasernendrill der „gleichmacherischen Bildungsfabrik" (P. Oestreich) und den „geisttötenden Intellektualismus" (J. Langbehn). Demgegenüber kämen das Gefühlsmäßige, das Schöpferische, das Darstellerische zu kurz, weil alles dem abstrakten Formalismus von Analyse und Synthese unterworfen würde. Dort, wo Bildung und Erziehung ihren Ort haben sollten, lerne man für Prüfungen und kämpfe um Berechtigungen und bringe man den Noten und Zeugnissen wahre Götzenopfer dar (J. Kühnel). Diese Tendenz werde von einer auf Kontrolle und Überwachung ausgerichteten Schulverwaltung noch kräftig verstärkt, so dass vielen Lehrern und Erziehern penible Korrektheit in ihrer Berufserfüllung und anstandsloses Wohlverhalten gegenüber den Vorgesetzten weit wichtiger erscheinen als das Wohl der ihnen anvertrauten Kinder (F. Gansberg).

Prüft man diese Anklagen genauer, so zeigt sich, dass sie durchweg in dem Vorwurf gipfeln, die Schule habe das Kind an den Rand gedrängt, zur Nebensache gemacht und sie habe sich so sehr auf formalisierte und formalisierbare Lernprozesse beschränkt, dass ihr schließlich fast jede Berührung mit dem wirklichen Leben verlorengegangen sei.

Lehrreich erscheint mir ein Bild, das Maria Montessori zur Kennzeichnung der Schule in ihrer institutionellen Verengung gebraucht hat. Sie bat ihre Zuhörer, sich ein Museum vorzustellen, wo man nur eintreten könne, wenn man sich einer Besucherklasse anschließe, wo man bestimmte Kunstwerke nur zu bestimmten Stunden und nach genau vorgeschriebenem Besuchsplan betrachten dürfe, wo man statt freien Kunstgenusses nach eigener Wahl ständig von pausenlos redenden und die Exponate in endlosen Lektionen zerredenden Museumsdienern gegängelt werde, wo man auf ein Klingelzeichen den Saal wechseln, über alle Einzelheiten in einer schriftlichen Hausaufgabe Rechenschaft geben und am Schluß auch noch eine Ziffernzensur entgegennehmen müsse. Montessori fragte ihr Publikum herausfordernd, ob wohl jemand gerne in ein solches Museum ginge oder gar regelmäßig wiederkommen würde. Der verneinenden Antwort auf diese rhetorische Frage fügte sie die ironische Bemerkung hinzu, dass man für derartige Museen wohl oder übel den allgemeinen Museumszwang einzuführen hätte, wie man ja auch für dergleichen Schulen die staatliche Schulpflicht habe erfinden müssen.

Gewiß, die Schule hat seit der Jahrhundertwende von 1900 ihr Gesicht deutlich verändert; ihre Gestalt als *Institution* mit allem Ballast des Institutionellen ist aber weitgehend die gleiche geblieben. Daran liegt es, dass auch viele Probleme ebenso drängend geblieben sind, wie sie es damals waren. Wie lassen sich beispielsweise Kinder intrinsisch motivieren, so dass ihr Lernen nicht nur äußerem Druck und Zwang unterliegt? Wie kann die Abhängigkeit der Kinder vom Urteil anderer und vor allem ihre soziale Diskriminierung (z.B. aufgrund von Fehlleistungen) eliminiert werden? Wie kann kindliches Lernen individueller organisiert und mehr an die eigenen Interessen des Kindes angeknüpft werden? Wie lassen sich Lernen und Schule gestalten, ohne dass die psychische Gesundheit und die normale Entwicklung des Kindes gefährdet werden? Wie ist soziales Lernen möglich in einer von Konkurrenzdenken, Leistungsstress, Zensurendruck und Wettbewerb um Berechtigungen geprägten Schule? Wie läßt sich über nationale, religiöse, sprachliche und rassische Grenzen hinweg interkulturelle Verständigung anbahnen und eine Erziehung zum Frieden leisten? Wie lassen sich Schule und Leben, die so künstlich auseinandergetreten sind, einander wieder mehr annähern?

Diese Fragen lassen jeden Kundigen aufhorchen, denn es sind just Fragen, um die Maria Montessoris pädagogische Interessen beständig kreisten. Auf alle diese Fragen und auf viele andere dazu hat sie *Antworten* zu geben versucht, und diese Antworten tragen unverwechselbar den Stempel ihres pädagogischen Entwurfs. Es ist ihrer Überzeugung nach wider die Natur des Kindes, wenn Kindergartenkinder und Schüler stundenlang still und unbeweglich in festen Bänken sitzen und nicht endenwollende Lektionen über Dinge anhören müssen, die sie mit ihren fünf Sinnen selber wahrnehmen und mit ihren eigenen Händen begreifen wollen. Brot und nicht Steine, also Dinge und nicht leere Worte – so könnte Montessoris Motto lauten. Und das sogenannte *didaktische Material* von den ersten Sinnesübungen im Kindergartenalter bis zur algebraischen Mathematik des Gymnasiums stellt für Montessori gewissermaßen eine Schiene dar, auf der sich das Kind lernend und entfaltend vorwärts bewegt. Statt das Kind ganz vom Lehrerurteil abhängig zu machen, baut Montessori das *Prinzip der Selbstkorrektur* in ihr Material ein; Kinder prüfen sich selber, und sie stellen eigenständig Weichen für ihr weiteres Lernen. Es streitet nach Montessori wider die pädagogische Vernunft, alle im Gleichschritt das Gleiche zu lehren, statt die Kinder selber entscheiden zu lassen, wann sie was und in welchem Rhythmus lernen bzw. bearbeiten wollen. An die Seite der frontalunterrichtlichen Darbietung rückt Montessori die *Freiarbeit,* freilich nicht ohne klare Abgrenzung dessen, was jedem Schüler an verbindlichem Stoff aufzuerlegen ist. Um das Bild von oben noch einmal aufzugreifen: Die Kinder sollen das ganze Museum durchschreiten; aber jedem einzelnen sollte es freistehen, vor welchem Bilde er wann und wie lange verweilen und wann er zu einzelnen, gerade ihn ansprechenden Werken zurückkehren möchte. Die *Atmosphäre von Kinderhaus und Schule* soll so gestaltet sein, dass die Kinder einander helfen, dass sie sich nicht gegenseitig überflügeln, wohl aber es einander gleichtun wollen; daher will Montessori in den einzelnen Gruppen Kinder aus *drei Altersjahrgängen miteinander* mischen, damit die Älteren den Jüngeren beistehen und die Jüngeren durch die Fortschritte der Älteren angezogen, aber nicht angetrieben werden. Prüfungen, Noten, Zeugnisse und Versetzungen sollen nach Montessori nicht ständig wie ein Damoklesschwert über den Kindern hängen, sondern ihnen soll das Bedrohliche genommen werden, indem diese Maßnahmen zu ganz normalen Alltagsgeschäften heruntergespielt werden, die mit institutionalisiertem Schulehalten nun einmal notwendig verbunden sind. Montessori-Erziehung kennt keine nationalen, religiösen, sprachlichen oder rassischen Schranken; sie will eine Erziehung für alle Kinder dieser Welt sein. Gute Kenner der Montessori-Pädagogik stellen immer wieder mit großem Erstaunen fest, dass Montessori die Anerkennung – und oft noch dazu die *gleichzeitige* Anerkennung – von Katholiken und Buddhisten, von Kapitalisten und Kommunisten, von Königen und Proletariern, von Konservativen und Progressiven erhalten konnte,

und es dürfte wohl in der Geschichte der Pädagogik beispiellos sein, dass beinahe zur selben Zeit der Papst seiner geliebten Tochter Maria bestätigt, ihre Pädagogik sei von Grund auf katholisch, und Lenin der Genossin Montessori mitteilt, sie sei in so hohem Maße kommunistisch, dass jedes Proletarierkind auf der Welt das Recht haben müsse, nach dieser Pädagogik erzogen zu werden. Uns Deutsche mag vielleicht verblüffen, dass in der Weimarer Republik Konrad Adenauer zeitweise der Montessori-Bewegung vorstand, in den 1930er Jahren Adolf Hitler Maria Montessori (allerdings vergebens) für den Aufbau der Hitler-Jugend gewinnen wollte und nach dem Kriege der Staatsratsvorsitzende der DDR, Walter Ulbricht, eine Berufung Montessoris an die Ostberliner Humboldt-Universität angestrebt haben soll.
Sehen wir noch einmal auf die heutige *Situation des Kindes,* so zeigt sie sich als gekennzeichnet durch jene merkwürdige Ambivalenz zwischen ständig wachsender Freiheit des Kindes und einer sich immer stärker ausprägenden Kinderwelt auf der einen Seite und der Unterwerfung des Kindes unter die (erwachsenen-) gesellschaftlichen Kontroll- und Verwahrungsinstanzen von Kindergarten und Schule sowie der Einebnung von Kinderwelt und Erwachsenenwelt auf der anderen Seite. Die Entdeckung des Kindes und das Verschwinden der Kindheit erfolgen zugleich und am selben gesellschaftlichen Ort. Die entscheidende Frage an den Pädagogen lautet angesichts dessen: welche Rolle spielt in dieser ambivalenten Situation die Pädagogik? Steht sie der Freiheit des Kindes bei oder betreibt sie seine Unterwerfung? Soll Erziehung als eine Art Konfektionsarbeit verstanden werden, die der Verfertigung von Kindern (das heißt ihrer Herstellung und Abrichtung) dient, oder heißt Erziehung Freisetzung des Kindes zu seiner eigenen Selbstgestaltung?

IV. Aktualität im Sinne des Klassischen

Mit dieser Frage erreichen wir endlich die tiefste Ebene unseres Themas; denn genau hier ist jener klassische *Gedanke Montessoris* verwurzelt, von dem ihre zeitlose Aktualität herrührt und der über jede zeitbedingte Mode weit hinausgreift. Es ist nämlich just diese Ambivalenz, von der Montessori ausgeht, und dabei bezieht sie sich – übrigens weitgehend stillschweigend – auf Rousseau, der diesen Widerspruch als erster mit aller Schärfe aufgewiesen und jeden Erzieher vor die pädagogische Gretchenfrage gestellt hat, ob er *Kinder herstellen und verfertigen* oder ob er sie *freisetzen* und zu *eigener personaler Selbstgestaltung* gelangen lassen will.[13]
Montessori steht – daran läßt sie nicht den geringsten Zweifel aufkommen – *auf der Seite des Kindes* und nicht auf der Seite des erziehenden Erwachsenen. Das bliebe freilich eine willkürliche Parteinahme und hätte mit einer pädagogischen

Entscheidung wenig zu tun, wenn Montessori ihren Standpunkt nicht mit pädagogischen Argumenten begründen und durch eine pädagogische Theorie untermauern könnte. Denn dadurch, dass sich jemand zum Kinderfreund ausrufen läßt, wird er noch nicht zum großen Pädagogen. Dazu macht ihn erst die Theorie – mag das gleich allen mißfallen, die die Theorie nicht lieben, weil sie ihnen zu fremd oder zu schwer erscheint oder weil sie sie gar als unnütz erachten. Was sind also die Stützpfeiler von Montessoris Theoriegebäude, in dem die Montessori-Praxis allererst ihre gesicherte Heimstatt finden kann?

Wenn man sich der die Montessori-Pädagogik und die Montessori-Schulen stützenden *Montessori-Theorie* – nur diese kann ja überhaupt eine bestimmte Schule zu einer „Montessori"-Schule machen – zuwenden will, empfiehlt es sich, auf eine Passage in einem „The Child" überschriebenen Aufsatz, den die Autorin 1941 während ihres mehrjährigen Aufenthaltes in Indien veröffentlicht hat, zurückzugreifen. Dort gelobt Montessori unter der Zwischenüberschrift „Der Schlüssel zu allen Erziehungsproblemen" (sic!) nichts Geringeres, als eine Gesetzmäßigkeit in den seelischen Vorgängen herausgefunden und entdeckt zu haben, die es möglich macht, „das Problem der Erziehung vollkommen zu lösen".[14]

Montessori schreibt diese über alle Maßen verheißungsvollen Versprechungen nieder, nachdem sie unmittelbar zuvor – zum, wer weiß, wievielten Male – die Geschichte von jenem Kind erzählt hat, das seinerzeit im ersten Kinderhaus in Rom vor ihren Augen angeblich vierzig mal (die Zahlangabe schwankt bei Montessori von Erzählung zu Erzählung) mit angespanntester Aufmerksamkeit die Holzzylinder ausgeschüttet und wieder in die Aussparungen eines Steckbrettes zurückversetzt hatte – jene Geschichte also, die als die Entdeckung des sogenannten Montessori-Phänomens in die Literatur eingegangen ist. Montessori beschreibt jenes Kind, nachdem es die konzentrierte Arbeit beendet hat, als froh, erleichtert, wie aus einem erquickenden Schlaf erwacht, innerlich gestärkt, und es erscheint ihr, als habe sich in seiner Seele ein Tor aufgetan „für die strahlenden Kräfte, die nun die beste Seite ihres Charakters enthüllten". Montessori bezeichnet dieses Mädchen als „gut"; an anderen Stellen nennt sie es „normalisiert", und andernorts spricht sie gar von einem „neuen Kind". Interessant ist nicht so sehr der Name, den sie diesem neu entdeckten Kind gibt, aufschlußreicher ist die Deutung, die sie in diese Selbstenthüllung des „wahren Kindes" legt: „Mit absoluter Deutlichkeit kam mir die Idee, dass Ordnung, geistige Entwicklung, intellektuelles und Gefühlsleben ihren Ursprung in dieser geheimnisvollen und verborgenen Quelle haben müssen, und seither habe ich alles mir zu Gebote stehende getan, um experimentell die Gegenstände zu ermitteln, die diese Konzentration ermöglichen. Und ich studierte mit großer Sorgfalt, wie jene Umgebung herzustellen sei, die die günstigsten äußeren Bedingungen enthielte, um diese Konzentration zu wecken."[15]

Diese Stelle enthält *in nuce* Montessoris Erziehungsphilosophie, auch wenn die Verfasserin dieser Sätze andernorts mit allem Nachdruck betont, dass dies gerade kein philosophischer Ausgangspunkt sei, sondern eine echt wissenschaftliche Entdeckung. Sieht man sich diese „wissenschaftliche Grundlage“ der Montessori-Pädagogik etwas genauer an, dann stößt man unumgänglich auf einen Begriff, der sich rasch als ein Montessorischer Grundbegriff erweist, nicht nur, weil er einem fast auf jeder ihrer Seiten begegnet, sondern erst recht, weil sich alle anderen Begriffe Montessoris mehr oder weniger offensichtlich von diesem herleiten: den Begriff des *immanenten Bauplans.*

Schon 1906 erörtert Montessori in einer Rede auf einem Frauenkongreß in Rom die Frage, wie weit denn eigentlich die Macht der Erziehung reiche: kann Erziehung einen Blinden wieder sehend, einen Imbezilen wirklich intelligent, einen sittlich Abartigen tatsächlich zu einem gesellschaftlich nützlichen Wesen machen? Montessori bleibt bei ihrer Antwort – für eine Reformpädagogin höchst erstaunlich! – recht skeptisch und stellt die Gegenfrage, ob wir nicht hinsichtlich der direkten Erziehung sehr zurückhaltend sein müßten, denn alles spräche doch dafür, dass das menschliche Individuum schon im Stadium der mikroskopischen Zelle in seiner Entwicklung vorherbestimmt sei, denn zumindest vom biologischen Standpunkt her ist das Individuum „in grundlegender Weise in seiner Persönlichkeit vorherbestimmt, schon von der Befruchtung jener unsichtbaren, mikroskopisch kleinen Eizelle an, die schon das ganze Individuum enthält“.[16]

So behauptet Montessori kategorisch, die Erziehung könne den einzelnen vervollkommnen und lenken, *„aber sie kann das Individuum, so wie es geschaffen ist, nicht verändern“*.[17]

In ihrem ersten nach der Kinderhausgründung verfaßten Buch heißt es, die Umwelt sei ohne Zweifel ein nachgeordneter Faktor; sie hat Einfluß, indem sie fördernd oder hindernd wirken kann, *erzeugend und erschaffend aber ist sie nicht.* Und erläuternd fügt Montessori hinzu: „Der Ursprung der Entwicklung liegt im Innern. Das Kind wächst nicht, *weil* es sich ernährt, *weil* es atmet, *weil* es unter klimatisch geeigneten Bedingungen lebt, es wächst, weil sich das potentielle Leben in ihm entfaltet, indem es sich aktuiert, weil der fruchtbare Keim, aus dem sein Leben entsproß, sich weiterentwickelt *gemäß der durch Vererbung in ihm festgelegten biologischen Bestimmung.*“[18]

Entsprechend vermag sie auch die Freiheit des Kindes nicht anders denn als ein biologisches Phänomen zu begreifen, und sie gibt dem Wort Freiheit den tieferen Sinn (sic!) einer „Befreiung“ der kindlichen Leben „von Hindernissen, die ihre normale Entwicklung hemmen.“[19]

Montessori führt diesen Begriff der „Entwicklungsfreiheit“ auf eine ihrer Überzeugung nach in jedem Kind von Natur aus angelegte Fähigkeit zu einer spontanen organischen Entwicklung zurück und ebenso auf einen angeborenen Trieb

nach Entfaltung der verborgenen Kräfte, einen Trieb, den sie im Anschluß an Percy S. Nunn und W. McDougall *Hormé* nennt und den sie näherhin beschreibt als den „Wunsch nach dem Erwerb der nötigen Mittel zur *angeborenen harmonischen Entwicklung.*"[20]
Ich resümiere: Die Überzeugung von einem jedem einzelnen Kind eigenen *immanenten Bauplan,* mit anderen Worten die Vorstellung von einer in der Kinderseele latent vorhandenen „eigenen Persönlichkeit", für die dann die *passende Entwicklungsfreiheit* und eine entsprechend *förderliche Umgebung* bereitgestellt werden müssen, bildet die Grundlage von Montessoris Werk, und aus ihr ergeben sich die prinzipiellen Momente ihres pädagogischen Denkens.
Wenn wir dieses Resümee ziehen, dann drängt sich aber sogleich der Einwand auf, dass mit dieser Ausgangsthese Montessoris schwerlich eine Pädagogik zu begründen ist, es sei denn, man lasse diese auf eine bloße Entwicklungslehre zusammenschrumpfen oder man beschränke sich auf einen kruden Naturalismus. Im einen Falle gehörte Montessori dann bestenfalls der Entwicklungspsychologie an, könnte aber schwerlich den Titel einer Pädagogin beanspruchen. Im anderen Falle könnte man wohl noch von einer Entwicklungspädagogik reden, hätte dabei aber das Pädagogische übel zurechtgestutzt und den Bereich des Ethischen ebenso amputiert wie überhaupt die substantielle Frage nach den Zielen und Werten. Denn dass die ganze Pädagogik sich in der Erforschung der natürlichen Entwicklungsgesetze des Menschen erschöpfen und Erziehung rein in der Ermöglichung der kindlichen Entwicklung – unbesehen, was sich da eigentlich entwickelt – bestehen soll, das könnte doch in der Tat nur einem in höchstem Maße unkritischen Kopfe eingehen.
Und tatsächlich beläßt es Montessori auch nicht bei dieser brüchigen und pädagogisch keineswegs tragfähigen evolutionsbiologischen Grundlage, sondern schreitet zu einer Deutung dieser immanenten Kräfte vor, die ihre Pädagogik solider tragen soll. Allerdings führt dieser Schritt in eine ganz andere Richtung, als man sie nach dem wissenschaftlichen Aufbruch erwarten könnte. Schon in den Vorlesungen zur Pädagogischen Anthropologie, die lange vor Eröffnung des ersten Kinderhauses gehalten wurden und deren Thesen also nicht auf Montessoris angebliche „Entdeckung des Kindes" von 1907 zurückgehen können, heißt es: „We are *immoral,* when we disobey the laws of life." Und diese überraschende Verquickung von Moralität auf der einen und dem Gehorsam gegenüber den (immanenten) Gesetzen des Lebens auf der anderen Seite findet eine ebenso überraschende Begründung: „... for the triumphant rule of life throughout the universe is what constitutes our conception of beauty, and goodness and truth – in short, of divinity."[21]

Noch klarer wird der *göttliche Ursprung und Charakter dieser immanenten Gesetzlichkeiten* an anderer Stelle ausgesagt: „Gott hat dem Kind eine eigene Natur gegeben, und er hat dadurch bestimmte Entwicklungsgesetze festgelegt, sowohl für das leibliche wie für das seelische Leben. Wer also verantwortlich ist für die normale Entwicklung, muß diesen Gesetzen folgen. Wenn man sich von ihnen entfernt, so verliert man sich aus der Leitung, welche Gott als Führung des Kindes gibt; denn es fehlt dann der Kontakt mit den Gesetzen, welche Gott selbst festgelegt hat." Und vollends wird die wissenschaftliche Bahn, auf der Montessori zu gehen schien, verlassen, wenn sie reichlich apodiktisch hinzufügt: „Wenn man die Gesetze der Entwicklung des Kindes entdeckt, so entdeckt man den Geist und die Weisheit Gottes, der im Kind wirkt".[22]
Montessori geht in dieser Deutung noch einen Schritt weiter. Der Geist Gottes offenbart sich nicht nur in jedem einzelnen Kinde durch den wohlgefügten Bauplan seiner individuellen Entwicklung, sondern Gott hat auch nach Art eines himmlischen Geometers oder eines kosmischen Designers das Zusammenspiel der individuellen Bau- und Entwicklungspläne im Gesamtgeschehen der Evolution harmonisch aufeinander abgestimmt, so dass es Montessori scheint, als wären die einzelnen Lebewesen „Schöpfungsagenten, die zur Aufgabe haben, bestimmte Arbeiten durchzuführen, wie die Dienstboten in einem Haus oder die Angestellten eines großen Unternehmens. Die Harmonie auf der Erdoberfläche beruht auf der Anstrengung der Lebewesen, die alle die eigene Aufgabe erfüllen."[23]
In ihrer Schrift „The Unconscious in History" entwirft Montessori in groben Zügen den „kosmischen Plan" einer prästabilierten Harmonie der Welt, und sie unterscheidet dort zwischen zwei Grundaufgaben bzw. Grundaspekten im Verhalten aller Lebewesen; die eine zielt auf Selbstentfaltung und Selbsterhaltung, die andere auf die Bewahrung jener kosmischen Ordnung und ist der Beitrag jedes einzelnen Lebewesens zur Evolution bzw. zur „kosmischen Schöpfung".[24] Es nimmt dann nicht wunder, wenn Montessori ohne alle Umschweife erklärt – und wieder haben wir eine ihrer apodiktischen Aussagen vor uns: „Kurzum, die Probleme der Erziehung müssen aufgrund der Gesetze der kosmischen Ordnung gelöst werden."[25] Die Erziehung wird evolutionsbiologisch verstanden, und die Pädagogik geht in der Evolutionstheorie auf.
Wir halten also fest: Die im Kinde angelegten Entwicklungsgesetze sind göttlichen Ursprungs. Darüber hinaus kommt ihnen eine kosmische Bedeutung zu, denn sie sind Teil und unabdingbare Voraussetzung für das Funktionieren einer ebenso göttlichen Weltordnung. Was aber heißt das pädagogisch? Zunächst doch wohl, dass diese göttlichen Gesetzlichkeiten *gut* sind und ihnen somit normative Kraft zukommt; mit anderen Worten, *die Normen erzieherischen Handelns können nirgends sonst gefunden werden als in den immanenten Entwicklungsgesetzen des Kindes selbst.* Sodann heißt dies, dass diese göttlichen Gesetze als solche in jedem

Falle über menschliche Absichten und Ziele zu stellen sind. Was Erziehung soll und wie ein Kind zu erziehen ist, kann nicht der Erwachsene wissen und darf er erst recht nicht zu bestimmen sich anmaßen, denn während das Kind die reine und unverformte menschliche Natur verkörpert, hat es eine größere Nähe zu Gott als der Erwachsene, der sich durch seine zahllosen Verfehlungen längst von der gottgewollten Bahn seiner Entwicklung entfernt und damit disqualifiziert hat, dem Kind als erzieherisches Vorbild zu dienen oder ihm gar erzieherische Maßgaben zu setzen.[26]

Von diesen Voraussetzungen her übt Montessori heftige *Kritik an aller bisherigen Erziehung.* Diese Kritik gipfelt in dem unerhörten Vorwurf, alle bisherige Erziehung sei nichts anderes als der permanente Kampf der Erwachsenen gegen das Kind, und in diesem Kampf sei das Wort Abrüstung ein Fremdwort, denn der Erwachsene kenne nur unterjochende „Befriedung", indem er dem Kind Gehorsam, Schweigen und Untätigkeit auferlegt.

Das vorhin angeführte Zitat, in dem Montessori den Schlüssel zur Lösung *aller* Erziehungsprobleme verspricht, wird nunmehr verständlich: die alte Erziehung hat fälschlicherweise den kindlichen Bauplan ebenso mißachtet wie die Hormé und den von beiden vorherbestimmten Gang der evolutiven Entwicklung durch Hindernisse blockiert und das Kind in Deviationen abgedrängt. Die jahrhundertelange Praxis dieser falschen Erziehung läßt uns am Ende die devianten Fehler des Kindes als normal erscheinen. Die Pädagogik Montessoris als die in ihren Augen neue und umstürzlerische Pädagogik will das Kind wirklich „normalisieren", indem sie das Kind von dem ihm aufgezwungenen Deviationen befreit und auf die Bahn seiner normalen Entwicklung zurück gelangen läßt. *Normalisierung ist in der Tat das Schlüsselwort der gesamten Pädagogik Montessoris, und ihr dienen alle kleinen Bausteine der Montessori-Methode.*

V. Die praktischen Konsequenzen der Pädagogik von Maria Montessori

Montessori sieht das allen Deviationen gemeinsame Charakteristikum darin, dass bei dem von der normalen Bahn seiner Entwicklung abgekommenen Kind die einzelnen Energien auseinanderstieben und seine Antriebskräfte unkoordiniert auseinandersplittern, während die Normalität gerade in dem harmonischen Zusammenwirken und dem koordinierten Ineinander von körperlichen und geistigen Kräften, von Muskeln, Intelligenz und Wille, „so, wie es die Natur immer gewollt hat", besteht. Die Rückkehr zur Normalität kann also nicht auf anderem Wege erfolgen als durch die Zusammenführung und Wiedervereinigung aller kindlichen Kräfte. Diese Vereinigung aber geschieht durch *Polarisation der Aufmerksamkeit,* das heißt durch konzentrierte, zielgerichtete Bewegung und Arbeit. Das Kind normalisieren heißt also nunmehr: über das Wegräumen von Hindernissen und über das Beseitigen direkter Erziehungsmaßnahmen hinaus muß dem Kind eine Umgebung geschaffen und müssen ihm didaktische Materialien in die Hand gegeben werden, mit denen es konzentriert arbeiten und auf die es seine Aufmerksamkeit wie in einem Brennglas „polarisieren" kann.

Die Bezeichnung *didaktisches Material* ist freilich eher irreführend als erhellend, denn keineswegs handelt es sich in dem Sinne um ein „didaktisches" Material, dass das Kind damit zeitökonomischer und effektiver lernt – die Lerninhalte waren der Ärztin Montessori zeitlebens weniger wichtig als die gesunde Entwicklung des Kindes! –, sondern man träfe die Intention des Materials weit besser, wenn man es als Entwicklungsmaterial – eben als die Schiene für die normale Entwicklung – bezeichnete. „Didaktisch" ist dieses Material allenfalls in dem Sinne, dass es dem Kinde hilft, die Welt in ihrer Strukturiertheit zu erfassen und zu bewältigen, ohne durch dieses „Lernen" seine gesunde Entwicklung zu gefährden oder gar aufs Spiel zu setzen. Wo man in der Vorschuldiskussion der 1970er Jahre die Montessori-Methode und das Montessori-Material als ein wohlfeiles Verfahren zur zeitsparenden Effektivierung frühkindlicher Lernprozesse propagiert hat, da hat man die Intention seiner Schöpferin verkannt und verfehlt.

Dieses Material, das Montessori geschickt zusammengetragen und nur zum geringen Teil selbst geschaffen hat, gliedert sich *in fünf Gruppen*. Die erste Gruppe – die *Übungen des täglichen Lebens* – und die zweite – das sogenannte *Sinnesmaterial* – werden fast ausschließlich im Kinderhaus eingesetzt. Das Sinnesmaterial wendet sich nicht nur den üblicherweise unterschiedenen fünf Sinnen zu, sondern umfaßt auch die „Sinne" für Wärme (zum Beispiel Wärmflaschen), für Gewicht (zum Beispiel barische Brettchen) und den stereognostischen „Sinn" (Raumerkenntnis). Die Sinnesmaterialien schulen die einzelnen Sinne, zum Beispiel Zylinderblöcke den Gesichtssinn, Farbblättchen den Farbensinn, Geräuschdosen und eine chromatisch gestimmte Glockenreihe den Gehörsinn, Tastbrettchen den Tastsinn etc. Neben der angestrebten Selbsttätigkeit und Konzentration vermitteln aber schon diese Sinnesmaterialien eine kategoriale Erfassung der Umwelt und eine Schärfung der Urteilskraft.[27] Die folgenden Gruppen werden vor allem in der Schule verwendet: das *Sprachmaterial,* das *Mathematikmaterial* und das *Material zur kosmischen Erziehung.*

Während diese letzte Gruppe, bei der es um die Erkenntnis kosmischer Zusammenhänge und Gesetze geht, bis heute in Deutschland immer noch wenig bekannt und ausgearbeitet ist, steht beim Sprachmaterial der Erwerb der Sprache als Instrument, das heißt als Mittel zur Selbständigkeit und Unabhängigkeit (vom Erwachsenen) im Vordergrund. Der interpersonale Bezug der Sprache und ihre Bedeutung als Gruppenhandeln erscheinen dagegen abgeblendet. Einzelne Materialien sind unter anderem die Einsatzfiguren (Schulung der Feinmotorik als Vorbereitung zum Schreiben), Sandpapierbuchstaben (zur haptischen Erforschung der Lettern), verschiedene Alphabete (zum Zusammensetzen von Wörtern), Wortsymbole und Merkmalskärtchen (zur grammatikalischen Analyse von Sätzen), der Bauernhof (zur Bereicherung des Wortschatzes).

Das Mathematikmaterial beruht auf der Grundoperation des Zählens, und alle Grundrechnungsarten werden auf Zählen zurückgeführt. Einzelne Materialien sind die blau-roten Stangen (Einführung der Zahlen von 1 bis 10), die Spindelkästen (u.a. Einführung der Null), die Sandpapierzahlen (Einführung der Zahlnamen und -symbole), Ziffern und Chips (Verknüpfung von Zahl und Menge), das goldene Perlenmaterial (Einführung in das Dezimalsystem, in das Multiplizieren und Dividieren), die farbige Perlenkette (Addition und Subtraktion sowie Einführung in nichtdezimale Systeme), verschiedene „Bretter" für die einzelnen Grundrechenarten mit vorgedruckten Aufgabenblättern, das Wurzelbrett (zum Quadratwurzelziehen), die bi- und trinomischen Würfel (zur sinnlichen Darstellung der Formel [a + b] und [a + b + c] in der zweiten und dritten Potenz), Kegel und Kreissegmente (zum Bruchrechnen), konstruktive Dreiecke (zum Aufbau der Geometrie). Das mechanische Element des Zählens wird zwar von der heutigen Mathematik-Didaktik als weniger wertvoll eingeschätzt, dagegen wird aber im Mathematik-Material Montessoris insgesamt eine gute Vorbereitung auf das Verständnis mathematischer Grundrelationen (Ordnungs- und Äquivalenzrelationen) bis hin zu Abbildungen gesehen.

Das didaktische Material weist *Merkmale* auf, die für alle fünf Gruppen gleichermaßen charakteristisch sind. Ein solches Merkmal ist die freie Wahl des Materials, das wohlgeordnet für alle Kinder zugänglich ist. Der selbständige Umgang mit ihm gibt dem einzelnen Kind die Möglichkeit, seinem eigenen Arbeitsrhythmus zu folgen und sein individuelles Lerntempo zu bestimmen. Da jedes Material eine immanente Fehlerkontrolle einschließt, kann das Kind sich einen Überblick über seine einzelnen Lernschritte und -erfolge verschaffen und gewinnt so Unabhängigkeit von der Beurteilung durch den Lehrer, es kann sich also ganz der Aufgabe widmen, die das Material ihm aufgibt.

Bei jedem Material ist außerdem eine besondere Eigenschaft isoliert, der das Kind seine ganze Aufmerksamkeit schenken kann, so dass es nicht durch überflüssige Dinge abgelenkt und verwirrt wird und nutz- und ziellose Tätigkeiten ausführt. Für Montessori beispielsweise steckt in jedem gesunden Kind ein „mathematischer Geist", der sich schon dadurch offenbart, dass das Kind durch das Augenmaß vergleichen und differenzieren kann. Das Mathematikmaterial verstärkt die kindlichen Fähigkeiten, indem es ihm Gelegenheit zu ruhigem, selbständigem und eingehendem Nachdenken gibt. Fernab vom „Gleichschritt" der Kindergruppe lernt das Kind in seinem individuellen Arbeitsrhythmus die Funktion des Materials kennen und geht durch selbstgewählte Lernschritte von der konkret-anschaulichen Operation allmählich zur abstrakten Vorstellung über. Durch die

Lernerfolge, die das Kind durch den richtigen Umgang mit dem Material erfährt, wird es zu weiterführendem Lernen motiviert, ohne dass der Lehrer es dazu anhalten muß. Die Anschaulichkeit des Materials erlaubt denn auch, dass bereits sechs oder siebenjährige Kinder schwierige Rechenoperationen durchführen können.
Durch vielfältige Variationen einer Lernsituation mit Hilfe einer Reihe gleichartiger Materialien mit verschiedenen Schwierigkeitsgraden wird nicht nur eine spontane Aktivität provoziert, sondern auch eine intensive und vertiefte Auseinandersetzung mit dem Unterrichtsstoff bewirkt, wodurch sich dieser nachhaltig ins Gedächtnis einprägt. Mit zunehmendem Abstraktionsvermögen des Kindes erhöhen sich auch seine Selbständigkeit und die Fähigkeit, die Umwelt nach seinen Bedürfnissen zu organisieren.

Montessori lehnt strikt eine Gliederung nach Altersjahrgängen und Jahresklassen ab. Sieht sie einerseits eine Gruppenstärke von rund vierzig Kindern für angemessen an, so wünscht sie in aller Regel Kinder aus drei Altersjahrgängen in dieser Gruppe zu mischen. In diesen *altersgemischten Gruppen* kann durch das harmonische Zusammenleben und -arbeiten selbständiger Personen, durch Achtung des persönlichen Bereiches des anderen und durch gegenseitiges Helfen das Gefühl einer sozialen Einheit entstehen, in der der einzelne vom anderen respektiert wird und in der er ungehindert seinen Interessen nachgehen kann, ohne durch unsinnige Bewegungen oder übermäßige Lautstärke gestört zu werden. Bereits im Kinderhaus lernen die Kinder, Rücksicht aufeinander zu nehmen, und sie sind auch gehalten, die Ordnung und klare Schönheit der Umgebung und des Materials nicht zu zerstören, vielmehr sollen sie bestrebt sein, für sich und die anderen die Umgebung freundlich und angenehm zu gestalten. Allmählich und aus sich heraus soll das Kind jene Charakterzüge entwickeln, die nach Montessori für ein Leben in der Gemeinschaft notwendig sind: „... Disziplin, Ordnung, Ruhe, Gehorsam, moralisches Feingefühl, kurz all das, was ein sehr ausgeprägtes Anpassungsvermögen auszeichnet. Und dieses Kind präsentiert auch Lebendigkeit, Selbstvertrauen, Mut, Solidarität, kurz die moralischen Kräfte, die auch von moralischer Ordnung sind. Zur gleichen Zeit verschwinden – oder um es besser zu sagen, es kommen nicht vor – die Fehler, die man vergeblich durch die Erziehung zu überwinden versucht hatte: Launenhaftigkeit, Zerstörungsgeist, Lüge, Schüchternheit, Angst und ganz allgemein die Charakterzüge, die mit dem Verteidigungszustand verbunden sind.“[28]
An dieser Stelle ist es Zeit, unsere Überlegungen abzubrechen, denn die Fortführung dieser Gedanken würde nur näher ins Detail gehen, ohne zu einer weiteren Klärung der Grundlagen und Grundgedanken der Pädagogik Montessoris beizutragen. Unser Ziel war es, in groben Strichen und auf verschiedenen Ebenen die

Aktualität der Montessori-Pädagogik zu prüfen. Diese Überlegungen haben wir bis zur Herausschälung von Montessoris zentralen Gedanken vorangetrieben. Gewiß wäre es nötig, diesen zentralen Gedanken Montessoris selbst einer kritischen Prüfung zu unterziehen. Das ist jedoch nicht mehr die Aufgabe dieses Referates. Hier können wir uns mit der Feststellung begnügen, dass der zentrale Gedanke Montessoris Eingang in das pädagogische Denken gefunden hat und dort wie ein Sauerteig wirkt. Es sollte denkenden Erziehern und kritischen Lehrern *nach Montessori* nicht mehr möglich sein, Kinder zu erziehen und über Kindererziehung zu sprechen, ohne der Herausforderung Maria Montessoris Rechnung zu tragen. Dass diese pädagogische Herausforderung nicht von einer genuinen Erzieherin oder Lehrerin stammt, sondern von einer Evolutionsbiologin und Naturtheologin, mag den einen als Ärgernis erscheinen; für die anderen geht gerade von daher die große Faszination dieser Frau aus.

Anmerkungen

1 Dieser Text stellt die erheblich erweiterte Fassung eines Vortrages dar, der am 17. August 1999 in der Villa La Montesca in Città di Castello anläßlich der Tagung der „Éducateurs sans Frontières“ in italienischer Sprache gehalten wurde.

2 Siehe dazu Winfried Böhm: *Reformpädagogik in Italien und Spanien*, in: *Die Reformpädagogik auf den Kontinenten*, hrsg. v. Hermann Röhrs u. Volker Lenhart, Frankfurt 1994 , S. 87–108.

3 Siehe dazu Sante Bucci: Educazione dell'infanzia e pedagogia scientifica: da Froebel a Montessori, Roma 1990.

4 Vgl. dazu Winfried Böhm: *Maria Montessori. Hintergrund und Prinzipien ihres pädagogischen Denkens*, Bad Heilbrunn 2. Aufl. 1991; ebenso Rita Kramer: *Maria Montessori. Leben und Werk einer großen Frau*, dt. München 1977.

5 Dem aufmerksamen Leser wird nicht entgehen, dass wir uns hier um begriffliche Klarheit bemühen und deshalb mit „Erziehung“ das *Tun* (also das konkrete erzieherische Handeln in allen seinen möglichen Erscheinungsformen) bezeichnen, mit „Pädagogik“ dagegen das kritische *Nachdenken* über dieses Tun (in allen seinen verschiedenen Abstufungen vom schlichten Weistum bis zur anspruchsvollen Theorie). „Erziehung“ meint also die *Praxis*, „Pädagogik“ die *Theorie* dieser Erziehung. Ein Erzieher ist diesem Wortgebrauch nach nicht sogleich auch ein Pädagoge, wie umgekehrt ein ausgezeichneter Pädagoge als Erzieher kläglich versagen kann (Pestalozzi wäre dafür das beste Beispiel!). Wenn man die Universität besucht, studiert man also Pädagogik und lernt nicht Erziehung, und umgekehrt hat ein Pädagogikprofessor Pädagogik zu lehren und nicht beizubringen, wie man erzieht - ähnlich wie ein Professor der Kunstgeschichte Werke der Malerei zu erklären und zu deuten, nicht aber Lehrlingen beizubringen hat, wie man Wände anstreicht und eine Leinwand bepinselt; und genauso ist ein Maler und Anstreicher selten zugleich auch ein Kunstgelehrter und -wissenschaftler. Diese Unterscheidung erscheint wichtig, um unnötige Mißverständnisse und Verwirrungen zu vermeiden.

6 Wenn ich hier und an anderen Stellen dieses Buches die Gattungsbegriffe *Lehrer* bzw. *Erzieher und Pädagoge* gebrauche, so folge ich lediglich der grammatischen Gepflogenheit der deutschen und

mancher anderen Sprache, in der dergleichen generische Bezeichnungen in aller Regel Maskulina sind, aber die Frauen tatsächlich immer mit meinen. Ich mache mich mit diesem Wortgebrauch also keiner sexistischen Diskriminierung schuldig, und ich möchte damit keineswegs – wie der heute gängige Vorwurf lautet –„die Frauen unsichtbar machen“. Darum hielte ich es auch mit Dieter E. Zimmer für töricht, dass wir das Trottoir demnächst in Bürger- und Bürgerinnensteig umbenennen.

[7] Marc Depaepe: *Zum Wohle des Kindes? Pädologie, pädagogische Psychologie und experimentelle Pädagogik in Europa und den USA 1890–1940,* übers. und hrsg. von Heinz – Elmar Tenorth, Weinheim 1993.

[8] Vgl. dazu Clemens Rethschulte: *Daniel Gottlob Moritz Schreber. Seine Erziehungslehre und sein Beitrag zur Körperbehindertenhilfe im 19. Jahrhundert*, Heidelberg 1995.

[9] Vgl. dazu u.a. Winfried Böhm: *Männliche Pädagogik - weibliche Erziehung?*, Innsbruck 1989.

[10] Neil Postmann: *Wir amüsieren uns zu Tode*, dt. Frankfurt 1985.

[11] Ders.: *Das Verschwinden der Kindheit*, dt. Frankfurt 1983.

[12] Vgl. dazu Wilhelm Brinkmann: *Kindheit im Widerspruch. Zwischen Selbsttätigkeit und Fremdbestimmung*, Würzburg 1987. Und Maria Fölling-Albers: *Veränderte Kindheit – Veränderte Grundschule*, 7. unveränderte Aufl. Frankfurt 1997.

[13] Siehe dazu *Jean-Jacques Rousseau und die Widersprüche der Gegenwart*, hrsg. von Winfried Böhm und Frithjof Grell, Würzburg 1989; ebenso Frithjof Grell: *Der Rousseau der Reformpädagogen, Studien zur pädagogischen Rousseaurezeption*, Würzburg 1996.

[14] Maria Montessori: *Das Kind*, in: *Maria Montessori: Texte und Gegenwartsdiskussion*, 5. neu bearb. Aufl., Bad Heilbrunn 1996, S.58.

[15] Ebd.

[16] Maria Montessori: *Die Sexualmoral in der Erziehung*, in: Ebd., S. 103.

[17] Ebd., S. 102. (Hervorhebung durch den Autor. W.B.)

[18] Maria Montessori: *Die Entdeckung des Kindes,* (Neuausgabe), Freiburg 1969, S. 70. (Hervorhebung durch den Autor. W.B.)

[19] Ebd., S.71.

[20] Maria Montessori: *Montessori-Erziehung für Schulkinder*, Stuttgart 1926, S. 132.

[21] Maria Montessori: *Pedagogical Anthropology*, London 1914, S. 27. Übersetzt: „Wir sind unmoralisch, wenn wir die Gesetze des Lebens mißachten, ... denn die triumphierende Herrschaft des Lebens im ganzen Universum macht unsere Vorstellung von Schönheit, dem Guten und der Wahrheit, kurz gesagt von Gott, aus.“

[22] Maria Montessori: *Gott und das Kind*, in: *Kinder, die in der Kirche leben*, Freiburg 1964, S.235.

[23] Maria Montessori: *Das kreative Kind* (dt. 1972), Freiburg 1984, S.49.

[24] Maria Montessori: *Das Unbewußte in der Geschichte,* in: *Das Kind.* Zeitschrift für Montessori-Pädagogik, Heft 3, 1. Hj. 1988, S. 4–19.

[25] Maria Montessori: *Über die Bildung des Menschen*, Freiburg 1966, S.22.

[26] Vgl. den Ursprung dieses Gedankens bei Ralph Waldo Emerson, dessen geflügelte Rede vom Kind als dem heilbringenden Messias von Montessori unzählige Male zitiert wurde, z.B. in: Charles W. Mignon: *Emerson's Essays. Notes*, Lincoln (Nebraska) 1996.

[27] Siehe dazu das wegweisende Buch von Mauro Lang: *Proposta di un manifesto per una pedagogia strutturalistica neomontessoriana*, Roma 1997.

[28] Maria Montessori: *L'enfant nouvel*, in: *Nouvelle Education*, 6 (1931), S. 102–110; Zitat auf S. 106.

Winfried Böhm

Maria Montessori in der Pädagogik des 20. Jahrhunderts – implizit und explizit

Das Gesamtthema dieses Kongresses[1], über das ich nun – quasi resümierend – zu sprechen habe, erscheint auf den ersten Blick einfach und klar. Es ist – so kann man annehmen – meine Aufgabe, einen möglichst vollständigen und vor allem anschaulichen Überblick über das Schicksal der Montessori-Pädagogik im 20. Jahrhundert zu geben und darüber zu berichten, *wie, wann* und *wo* die Ideen Maria Montessoris rezipiert und in das pädagogische Denken und in das erzieherische Handeln integriert worden sind – implizit und explizit.

So einfach und klar erschien mir diese Aufgabe tatsächlich, als ich die Einladung zu diesem Vortrag annahm; erst als ich begann, über dieses Thema gründlich nachzudenken, erkannte ich die Schwierigkeiten, die in ihm verborgen sind; aber als ich diese Erkenntnis gewann, war es schon zu spät, die Einladung abzulehnen und den Vortrag wieder abzusagen. Nun stehe ich verwirrt vor Ihnen, und ich werde meinen Vortrag konsequenterweise damit beginnen, diese Schwierigkeiten und Probleme zu nennen und zu diskutieren – nicht deshalb, weil ich, noch ehe ich eigentlich zu sprechen angefangen habe, bereits Ihr wohlwollendes Urteil über meinen Vortrag gewinnen möchte, sondern weil ich glaube, dass wir aus der kritischen Diskussion dieser Schwierigkeiten mehr über unser Thema lernen können als aus einer noch so vollständigen Liste der Berührungspunkte zwischen Maria Montessori und der westlichen Erziehung unseres Jahrhunderts. Diese Berührungen und Überschneidungen werde ich selbstverständlich zu zeigen versuchen, aber eben erst, nachdem wir uns die Schwierigkeiten und Probleme dieses Themas vergegenwärtigt haben.

1. Das erste Problem ist sogleich ein sprachliches. Halte ich als ein deutscher Professor der *„Pädagogik"* diesen Vortrag in spanischer Sprache, dann habe ich von *pedagogía* zu sprechen, wenn ich an die von Maria Montessori geschaffene Erziehungstheorie denke, denn im Spanischen ist die Unterscheidung zwischen *pedagogía* für die Theorie und *educación* für die Praxis üblich und für jedermann verständlich. Hielte ich dagegen diesen Vortrag in englischer Sprache, dann wäre es ganz mißverständlich, das Wort *pedagogy* zu verwenden, denn dieses Wort entspricht keineswegs dem spanischen *pedagogía*. Im englischen Wortgebrauch wird

sowohl die Praxis des Erziehens als auch die Theorie der Erziehung *education* genannt – ein Wortgebrauch, in dem sich ohne Zweifel der zutiefst pragmatische Geist der nordamerikanischen Kultur und Gesellschaft ausdrückt.
Damit verweist uns das rein sprachliche Problem unversehens auf ein dahinter liegendes: das Problem von *Theorie und Praxis*. Meinen wir, wenn wir von Maria Montessori sprechen, ihre Theorie oder ihre Praxis, ihr wissenschaftlich-philosophisches Denken oder eine lernbare Erziehungsmethode?

2. Die Unterscheidung zwischen Montessori-Theorie auf der einen und Montessori-Praxis auf der anderen Seite ist aus zwei Gründen heraus wichtig. Zum einen verstehen wir unter der Montessori-Theorie jene Prinzipien, die grundsätzlich anerkannt und realisiert sein müssen, wenn von Montessori-Erziehung und von einer Montessori-Institution die Rede sein soll. Dazu gehören z.B. Maria Montessoris Bild des Kindes, also ihre pädagogische Anthropologie; dazu gehört die klare Vorstellung von der Erziehung als einer Normalisation, und dazu gehören einige Prämissen wie die Idee von einem immanenten Bauplan, einer Hormé, den sensitiven Perioden, dem absorbierenden Geist, den „Nebule“ usw. usw. Dazu gehört vor allem auch der Glaube an eine kosmische Ordnung, der das Fundament für Maria Montessoris Konzept einer kosmischen Erziehung, ihrer religiösen Erziehung und auch ihrer sozialen Erziehung bildet.
Unter der Montessori-Praxis verstehen wir vor allem ihre Erziehungs*methode*, wie sie sich sichtbar besonders in dem Montessori-Material widerspiegelt. Ist aber die bloße Anwesenheit des Montessori-Materials in einer Institution schon genug Garantie dafür, dass es sich hier um eine originale und authentische Montessori-Einrichtung handelt? Kann eine Institution als eine Montessori-Einrichtung bezeichnet werden, wenn in ihr zwar das didaktische Material vorhanden ist, die Prinzipien der Montessori-Erziehung aber vergessen oder nicht einmal gekannt werden? Ich glaube, niemand in dieser Aula wird diese Frage mit einem Ja beantworten wollen. Wie aber ist dann das Verhältnis zwischen Montessori-Theorie und Montessori-Praxis zu sehen und zu interpretieren? Etwa nach dem Handwerker- und nach dem technologischen Modell, d.h. als die professionelle Anwendung eines pädagogischen *know-how*? Auch diese Frage wird wohl niemand in dieser Aula positiv beantworten, denn die Auffassung der Erziehung als einer Technik wäre inhuman, weil sie das Kind als ein modellierbares Objekt und nicht als ein autonomes Subjekt begreifen würde. So stellt sich das Problem, ob wir mit unserem Thema nach der Präsenz von Montessori im pädagogischen Denken der Gegenwart oder nach dem Ausmaß und dem Grade der Anwendung der Montessori-Methode in unserem Jahrhundert fragen wollen.

3. Eine ähnliche Schwierigkeit ergibt sich auch, wenn wir von der Pädagogik im 20. Jahrhundert sprechen. Mit dem spanischen Wort *pedagogía* meinen wir gewiß primär das Denken, die Ideen, Konzepte, Theorien und Modelle dieses Jahrhunderts; das englische Wort *education* verweist uns eher auf die Methode, die Praxis der Kinderhäuser und der Schulen. Als eine interessante Beobachtung kann ich schon an dieser Stelle erwähnen, dass die Diskussion über die Theorie Montessoris in Lateinamerika stets im Vordergrund gestanden hat, dagegen von einer breiten oder gar massenhaften Praxis auf diesem Kontinent nicht gesprochen werden kann. In den USA stand und steht dagegen der Streit um die Praxis im Vordergrund, und dort gab es schon in den ersten Jahren des 20. Jahrhunderts und dann wieder seit den 1960er Jahren eine fast lawinenartige Ausbreitung von Montessori-Einrichtungen, wobei es aber durchaus fraglich ist, ob die Mehrzahl dieser Institutionen wirklich den Prinzipien der Montessori-Pädagogik entsprechen oder nicht. Unsere Frage muß also auch in dieser Hinsicht differenziert werden, dass sie einmal nach der Präsenz Montessoris in der Erziehungswissenschaft und ein andermal nach der Zahl der Montessori-Institutionen und ihrer Ausbreitung fragt.

4. Den schwierigsten Teil der Frage macht die Unterscheidung zwischen *explizit* und *implizit* aus. Die Frage nach der expliziten Präsenz Montessoris im 20. Jahrhundert ist fast nicht zu beantworten, weil eine jede sichere Antwort unter der erdrückenden Menge von Informationen erstickt. Die Frage nach der impliziten Präsenz Montessoris im 20. Jahrhundert ist genauso wenig zu beantworten, weil man geradezu kriminalistischen Scharfsinn besitzen müßte, um auch nur annäherungsweise den vielen feinen Verästelungen nachspüren zu können, in die sich die Ideen und Anregungen Maria Montessoris verzweigt haben.

5. Schließlich stellt auch die schlichte Betrachtung des Wortes „*in*" in der Formulierung unseres Themas ein Problem dar. Meinen wir damit, wie sehr Maria Montessori die Erziehung dieses Jahrhunderts beeinflußt hat, also wie sehr ihre Ideen und Gedanken sowie ihre Erziehungsmethode in die Pädagogik und Erziehung des Jahrhunderts eingedrungen sind? Oder meinen wir damit umgekehrt, wie sehr die Ideen und Gedanken sowie die Erziehungspraktiken und die Erziehungsmethoden des Jahrhunderts auf Maria Montessori eingewirkt und sie beeinflußt, bestimmt und verändert haben? Mit anderen Worten: Interessiert uns Maria Montessori *in* dem 20. Jahrhundert, oder interessiert uns das 20. Jahrhundert *in* Maria Montessori? Ich könnte mir denken, dass die meisten meiner Zuhörer nur den einen Aspekt im Auge haben, nämlich wie Maria Montessori das 20. Jahrhundert beeinflußt und mitgestaltet hat – nicht dagegen, wie sehr sie selber ein Kind dieses Jahrhunderts und eine Tochter ihrer Zeit war.[2]

Ich beende die Aufzählung der Schwierigkeiten, die in meinem Thema versteckt sind, und glaube, dass wir eigentlich nur über einen einzigen Punkt Klarheit besitzen und deshalb darüber nicht zu diskutieren brauchen: Maria Montessori gehört ohne jeden Zweifel zu den herausragendsten erzieherischen Persönlichkeiten des 20. Jahrhunderts; von den Frauen in der Erziehung ist sie ohnehin die größte, und neben dieser Größe können in der Geschichte der westlich-abendländischen Erziehung nur ganz wenige bestehen – in Europa beispielsweise Albertine Necker de Saussure, die man zu ihrer Zeit „den weiblichen Rousseau" nannte[3], oder auf diesem herrlichen Kontinent Sor Juana Inés de la Cruz, welcher der große mexikanische Dichter und Philosoph Octavio Paz ein wunderbares literarisches Denkmal gesetzt hat.[4]

I. Maria Montessori explizit in der Erziehung des 20. Jahrhunderts

Wenn ich zuerst über die explizite Präsenz Maria Montessoris im 20. Jahrhundert spreche, dann kommt mir ein sehr glücklicher Umstand zugute. Ich habe nämlich vor wenigen Wochen meine lange Jahre dauernde Arbeit an einer internationalen Montessori-Bibliographie abgeschlossen, und das über 600 Seiten dicke Buch ist gerade erschienen.[5] Ich habe in diesem Buch alle Publikationen von Maria Montessori zusammengetragen und – so weit wie es möglich war – in die Hand genommen und gelesen. Und ich habe, gemeinsam mit meinen Assistenten, alle Publikationen über Maria Montessori gesammelt und dabei versucht, einen guten Überblick über die Schwerpunkte, Epochen, Gemeinsamkeiten und Differenzen in der weltweiten Diskussion über Maria Montessori zu gewinnen. Was ich Ihnen jetzt vortrage, ist also das Ergebnis jüngster Recherchen und insofern „brandneu". Ich werde freilich wegen der wenigen Zeit nur auf einige und besonders interessante Ergebnisse hinweisen.
Allein beim bloßen Durchblättern dieser Bibliographie wird man nicht übersehen können, dass Maria Montessori eine ganze Reihe von wissenschaftlichen Publikationen veröffentlicht hat, die alle vor dem Beginn des ersten Kinderhauses liegen, genauer gesagt: die ein Jahrzehnt vor die Gründung des ersten Kinderhauses zurückreichen. Augusto Scocchera hat deshalb in seiner Montessori-Biographie mit vollem Recht die Jahre 1896–1906 als das „Vorbereitungsjahrzehnt" Maria Montessoris bezeichnet.[6] Was heißt das? Es heißt – und die Lektüre der Publikationen Maria Montessoris bestätigt es –, dass Maria Montessori 1907 nicht unvorbereitet ihr erzieherisches Experiment begann und sich 1907 nicht leichtsinnig in ein pädagogisches Abenteuer stürzte, sondern dass sie sich dafür eine solide wissenschaftliche Grundlage geschaffen hatte. Die Montessori-Methode ist also keineswegs aus der praktischen Arbeit mit Kindern „organisch" und wie von allein herausgewachsen; und auch Montessoris Erziehungstheorie ist

nicht auf so wunderbare Weise wie Pallas Athene aus dem Kopfe des Zeus entsprungen. Sie beginnt auch nicht wie eine göttliche Schöpfung bei einem Nullpunkt, sondern ergibt sich beinahe konsequent aus dem, was Maria Montessori aus dem geistig-kulturellen Nährboden ihrer Zeit, insbesondere aus der anthropologischen Diskussion ihres Landes und aus dem theosophisch-holistischen Denken aufgesaugt hat.[7]

Diese wissenschaftlich-religiöse Grundlage Maria Montessoris bestand nicht aus dem, was man damals als das „normale" und „geläufige" *pädagogische* Wissen ansah; wir wissen ja, dass Maria Montessori auf keinen Fall Erzieherin und Lehrerin werden wollte und deshalb auch das pädagogische Wissen ihrer Zeit gering schätzte und kaum zur Kenntnis nahm. Ihre eigene geistige Grundlage bestand in einem durch und durch medizinisch-therapeutischen Denken, in einer emphatischen Begeisterung für den biologischen Evolutionsgedanken, wie ihn vor allem Herbert Spencer in der Erziehung vertrat, und in einem leidenschaftlichen Interesse für die anthropologische Forschung ihrer Zeit. Das in den Jahren 1904–06 entstandene, aber erst 1910 gedruckte Lehrbuch über „Pädagogische Anthropologie" dokumentiert diese wissenschaftliche Grundlage auf eindrucksvolle Weise.[8]

Die wissenschaftliche Anthropologie war am Ende des 19. Jahrhunderts vor allem von einem Gedanken besessen, den man als den Leitgedanken des ganzen 19. Jahrhunderts bezeichnen kann: *der Idee des Fortschritts*. Die entscheidende und auch für Montessori faszinierende Frage lautete: Wie kann die anthropologische Wissenschaft zum Fortschritt und zur Vervollkommnung der menschlichen Gattung beitragen? Nachdem im 19. Jahrhundert die Naturwissenschaften in der angewendeten Form der Technik den *äußeren* Fortschritt der Menschheit gefördert und vorangebracht hatten, zielte man jetzt darauf, auch den *inneren* (also den moralischen und sozialen) Fortschritt des Menschen in die Hand zu nehmen. Der für Maria Montessori so typische Übergang vom physiko-medizinischen Fortschritt zum psycho-moralischen Fortschritt und ihr Wandel von der Ärztin zur Pädagogin waren nicht zufällig; sie geschahen bruchlos und mit innerer Notwendigkeit.

Dass Maria Montessori sich beispielsweise die Theorien Jean Marc Gaspard Itards und Edouard Séguins gründlich zu eigen machte – sie hat diese Texte übersetzt und kalligraphisch Wort für Wort kopiert –, lag nicht in erster Linie an ihrem Engagement für behinderte und zurückgebliebene Kinder. Ich habe bei meinen historischen Nachforschungen im Gegenteil den Eindruck gewonnen, dass die junge Wissenschaftlerin Maria Montessori die Berichte des französischen Forschers Itard aus dem gleichen Grunde studiert hat, aus dem heraus Itards Interesse an dem Wildkind Victor de l'Aveyron erwachsen war. Durch die genaue Untersuchung der Entwicklung dieses Kindes und durch seine wissenschaftlich ex-

akt betriebene Erziehung wollten er und seine Kollegen entdecken, was die wahre Natur des Menschen ist und was der Mensch der ihn umgebenden Kultur verdankt. Ich glaube, dass Maria Montessori vor allem durch das Studium der Bücher Itards und Séguins zu ihrer zentralen Frage gekommen ist: *Was ist die Natur des Menschen, und was kann, darf und muß die Kultur dazu beitragen, dass sich diese Natur entwickelt?* Eigentlich müßte ich hier schon sagen: *gesund entwickelt.* Denn das von Grund auf medizinisch-therapeutische Denken Maria Montessoris ließ sie von Anfang an, also schon lange vor der ersten Kinderhausgründung, in dem Gegensatz denken*: gesund – krank; normal – deviant.*
Was aber heißt hier „normal“. Nicht einen einzigen Augenblick ihres Lebens hat Maria Montessori Normalität lediglich als einen statistischen Begriff gebraucht und damit den soziologischen Durchschnitt oder den empirischen Mittelwert gemeint. Immer hat sie Normalität als einen Wertbegriff gebraucht, und sie hat diese Norm als eine Art göttlicher Berufung (*vocazione*) bzw. Bestimmung (*destinazione*) verstanden, die der himmlische Geometer wie ein geheimnisvolles *„Telos“* (griechisch für *„inneres Ziel“*) jedem seiner Geschöpfe und so auch jedem einzelnen Menschen geschenkt und eingepflanzt hat. *Normal* heißt dann, sich diesem inneren Telos gemäß zu entwickeln und zu perfektionieren. In dem letzten großen Kapitel ihres Buches „Pädagogische Anthropologie“ kann man die Entstehung dieser Fragestellung Zeile für Zeile verfolgen und rekonstruieren, wenn sie die von dem französischen Bevölkerungsstatistiker Adolphe Quételet vorgelegte Theorie des *„homme moyen“*, also des „mittleren Menschen“, Schritt für Schritt zu einer normativen Theorie des vollkommenen Menschen umformt und durch diese neue Interpretation zu einer Theorie der Erziehung emporhebt. Dass sich hinter dieser Interpretation ebenso wie hinter dem Wandel Maria Montessoris von der Ärztin zur Erzieherin ein tiefes religiöses Motiv verbirgt, liegt auf der Hand. Ich werde im zweiten Teil dieses Vortrags über dieses Motiv zu sprechen haben. Vieles macht es wahrscheinlich, dass dieser religiöse Hintergrund schon damals – wenigstens virtuell – die Theosophie war, für deren Gedanken Maria Montessori immer sehr aufgeschlossen war, vermutlich schon in ihren frühen Jahren, also bereits viele Jahre vor der Gründung des ersten Kinderhauses. Der Kern der theosophischen Doktrin besteht bekanntlich in der Überzeugung, dass die ganze kosmische Wirklichkeit von einer einzigen alles umfassenden und alles umschließenden Ordnung regiert wird, in der jede einzelne Kreatur ihren genau bestimmten Platz einnimmt und ihre ganz individuelle Aufgabe zu erfüllen hat. Das ist auch der innerste Kern von Maria Montessoris Denken: Jeder Mensch hat seine ihm auf individuelle Weise eigene Bestimmung zu erfüllen und auf diese Weise die kosmische Harmonie zu erhalten und – quasi als Nebenprodukt – auf dieser Erde das soziale Zusammenleben und den Frieden zu sichern.

Diese wenigen Beispiele erlauben es, den ersten Punkt unseres Vortrages so zusammenzufassen: Maria Montessori beginnt mit ihrem Denken und mit ihrer Methode nicht bei Null, sondern ihr Denken und ihre Erziehungsmethode ordnen sich *in* das 20. Jahrhundert in der Weise ein, dass sie die an dessen Beginn vorherrschenden biologischen und anthropologischen Ideen aufnimmt und zur Grundlage ihres pädagogischen Denkens und erzieherischen Handelns macht.

Wenn man anhand der von mir zusammengestellten Bibliographie versuchen wollte, die Rezeption von Maria Montessoris Theorie und Methode im 20. Jahrhundert in bestimmte Epochen zu gliedern, müßte dieser Versuch mißlingen. Man würde dann nämlich rasch feststellen, dass die Aufnahme Montessoris in den einzelnen Regionen und Ländern der Welt nicht parallel verlaufen ist, sondern sich außerordentlich heterogen gestaltet hat. Nicht einmal in so bedeutenden „Montessori-Ländern" wie z.B. Holland, Deutschland, Indien und den USA lassen sich die Linien einer kontinuierlichen Diskussion und einer fortschreitenden Rezeption nachzeichnen. Die Fäden laufen von Land zu Land kreuz und quer, und das internationale Geflecht ist kaum zu entwirren.
Das Beispiel der USA kann als beispielhaft angeführt werden. Schon bald nach der Gründung des ersten Kinderhauses in Rom zieht Maria Montessori in Nordamerika die Aufmerksamkeit auf sich, und das sich rasch ausbreitende Montessori-Fieber erreicht seine Klimax, als anläßlich der Weltausstellung 1915 in San Francisco Maria Montessoris kalifornische Vorlesungen und Vorträge zu einem wahren Triumphzug werden und gleichzeitig eine Montessori-Klasse als Beitrag Italiens auf der Panama Pacific International Exposition gezeigt wird.[9] Der Montessori-Boom bricht danach abrupt ab, die Montessori-Pädagogik gerät in Vergessenheit, die lebendige Montessori-Diskussion erstirbt, und bis zum Ende der 1960er Jahre gilt es in den USA nicht mehr als schick, sich mit Montessori zu befassen. Das ändert sich gegen Ende der 1960er Jahre schlagartig, und eine neue Montessori-Springflut bricht über die Vereinigten Staaten herein und weckt eine Begeisterung, die jene erste weit übertrifft. Mit wissenschaftlichen Gründen ist dieser spektakuläre Auf- und Niedergang nicht zu erklären, höchstens mit solchen, die in das Gebiet des gesellschaftlichen Unbewußten, des pädagogisch Irrationalen und der öffentlichen Moral gehören.

Wenn man die Rezeption der Montessori-Pädagogik im 20. Jahrhundert aus einer großen internationalen Perspektive überblickt, dann sieht man vor seinen Augen ein außerordentlich farbiges und lebendiges Bild. Während die Montessori-Pädagogik an einem Ort in der Gunst des erzieherischen Publikums steil nach oben schnellt, stürzt sie an einem anderen Ort ebenso steil nach unten. Dabei hängen diese seltsamen Umstürze und Umschwünge oft nur damit zusammen, dass die gesellschaftlich-politischen und/oder die ideologisch-weltanschaulichen

Gruppierungen wechseln, die sich im konkreten Falle für die Montessori-Pädagogik einsetzen oder sich wieder von ihr abwenden. In manchen Ländern – wie z.B. in den USA – kommt es schon sehr früh zu einer lebhaften Rezeption, in anderen – wie z.B. in Holland, Spanien und Indien – erst später, und in manchen Ländern – wie z.B. Japan und Korea erst in jüngster Zeit. In manchen Ländern bleibt das Interesse für Montessori immer gedämpft, so z.B. in ihrem eigenen Heimatland Italien, in Frankreich und in vielen Ländern Lateinamerikas. In manchen Ländern gerät die Montessori-Pädagogik in heftigen Streit mit anderen Erziehungskonzepten. So tobt beispielsweise in Deutschland in den 1920er Jahren eine heftige Fehde zwischen Montessori und Fröbel, d.h. zwischen Montessorianern und Fröbelianern; in Italien setzt man sich scharf und ausdauernd über die Italianität oder Nicht-Italianität der Montessori-Methode auseinander, und in den USA scheint die Diskussion über eine mögliche „Amerikanisierung" der Montessori-Pädagogik (bis heute) kein Ende zu finden.[10]

Interessant ist der Blick auf die Gruppen, welche die Montessori-Pädagogik rezipieren und auf die unterschiedlichen Gründe, die dazu führen. Eine erste und ganz große Gruppe bilden jene Lehrer und Erzieher, die auf der Suche nach tauglichen Lösungen für ihre beruflichen Alltagsschwierigkeiten in Schule und Erziehung irgendwann oder irgendwie auf Montessori stoßen. Aus der Not eines als schwierig und drückend empfundenen Berufes greifen sie nach der Montessori-Methode wie nach einem rettenden Strohhalm. Ihr Interesse ist ein überwiegend praktisches, und der Erziehungstheorie Maria Montessoris messen sie in aller Regel nur einen sehr geringen Wert bei. Bei ihnen steht Montessori vor allem als die geniale Praktikerin und als die liebe „Kindergarten-Mutti"[11] im Vordergrund. Diese falsche Bewertung führt dann oft dazu, dass das Bild Montessoris verfälscht und die Montessori-Pädagogik zu einer bloßen Methode verkürzt bzw. amputiert wird, die man dann in technischen Kursen leicht erlernen und später mechanisch anwenden kann.
Eine zweite und für die Montessori-Bewegung außerordentlich typische Gruppe bilden jene, die sich in Vereinigungen und Gesellschaften zusammenschließen, um für die Montessori-Idee zu werben, und die Montessori-Pädagogik einem größeren Publikum bekannt machen wollen. Solche Zusammenschlüsse entstehen schon relativ früh – ich erinnere an die 1925 in Berlin gegründete „Deutsche Montessori-Gesellschaft" und an die 1929 ebenfalls in Berlin gegründete Association Montessori Internationale. Diese Vereinigungen und Gesellschaften bilden bis heute einen Grundpfeiler jenes Montessorianismus, wie er sich sowohl positiv als auch negativ darstellen kann. Negativ ist er dort zu beurteilen, wo er dazu führt, die Montessori-Pädagogik zur allein seligmachenden Heilslehre und zur einzig richtigen pädagogischen Doktrin erklären zu wollen, und wo er es ver-

hindert, die Montessori-Pädagogik auch kritisch zu analysieren und aus der Distanz zu betrachten.[12] Positiv ist er zu bewerten, wo er – wie wir es hier an diesem herrlichen Ort in der Karibik tun – dazu dient, die Montessori-Idee wachzuhalten und über ihre produktive Weiterentwicklung in das neue Jahrtausend hinein nachzudenken. In diesem Zusammenhang will ich auf ein wichtiges Instrument hinweisen, das die Zeitschriften dieser Montessori-Vereinigungen darstellen, und ich nenne neben den *Communications* der AMI beispielhaft nur drei: die *„Vita dell'Infanzia"* in Italien, *„Around the Child"* in Indien und *„Das Kind"* in Deutschland.

Eine dritte und leider noch immer sehr kleine Gruppe der Rezeptoren bilden die Erziehungswissenschaftler, die nicht als Montessorianer im engeren Sinne gelten, sondern sich der Montessori-Pädagogik neutral, objektiv und kritisch zuwenden und sie wissenschaftlich prüfen und untersuchen. Hier ist festzustellen, dass sich die Zahl der wissenschaftlich ausgezeichneten, auf einem kritischen Studium der Literatur beruhenden, um ein objektives Urteil *sine ira et studio* bemühten Forschungen über Maria Montessori und ihre Pädagogik bis heute, auch international gesehen, an den Fingern abzählen läßt. Selbst eine wissenschaftlich befriedigende Biographie Maria Montessoris fehlt noch, trotz der Anerkennung, die Autoren wie Rita Kramer und Augusto Scocchera für ihre Bemühungen verdienen. Erfreulicherweise ändert sich die Situation in den letzten Jahren: die Zahl der Doktordissertationen an Universitäten über Montessori nimmt zu, auch Erziehungswissenschaftler von internationalem Rang befassen sich mit Maria Montessori, und es läßt sich hoffen, dass eine Ära bald zu Ende gehen wird, in der man immer nur die gleichen Klischees über Montessori wiederholt und nachgebetet hat, und dass endlich eine Phase beginnt, in der die Montessori-Pädagogik Gegenstand ernsthafter wissenschaftlicher Forschung wird, und zwar in einem ebenso breiten wie vertieften Maße.

II. Maria Montessori implizit in der Pädagogik des 20. Jahrhunderts

Es ist höchste Zeit, dass ich mich dem zweiten Aspekt zuwende, nämlich der impliziten Präsenz Montessoris in der westlich-abendländischen Erziehung des 20. Jahrhunderts.

Ehe ich dazu komme, möchte ich auf eine Gefahr hinweisen, die quasi als Nahtstelle zwischen den beiden Kapiteln meines Vortrags dienen kann. Immer häufiger kann ich beobachten, dass man sich ausdrücklich auf Maria Montessori beruft, sei es, wenn man über kosmische Erziehung, über religiöse Erziehung oder über Friedenserziehung und anderes redet. Nur äußerlich und rein oberflächlich geht es dabei um eine echte Rezeption von Maria Montessoris Ideen und Gedanken. Bei genauerer Prüfung merkt man schnell, dass es sich dabei nur um eine bloß verbale Berufung handelt und damit eigentlich um einen Mißbrauch des Namens und der Reputation Montessoris. Wer heute über Umwelterziehung redet und dabei Montessoris Konzept der kosmischen Erziehung für sich reklamiert, der verfälscht ebenso wie derjenige, der für seine eigenen konfessionellen Überzeugungen Montessoris Theorie der religiösen Erziehung in Anspruch nimmt. Und auch der mißbraucht Montessori, der seine eigenen Gedanken über Friedenserziehung dadurch aufzuwerten sucht, dass er sich den Namen Montessoris dafür ausborgt. In allen hier von mir gemeinten Fällen handelt es sich darum, dass man nicht *über* Montessori redet und sich nicht von ihr anregen und leiten läßt, sondern eigene und oft meilenweit von Montessori abweichende Gedanken mit dem Namen Montessoris schmücken, aufwerten und dann teuer verkaufen will.

Wir müssen uns deshalb jetzt der entscheidenden und wichtigsten Frage zuwenden, was es denn heißt und heißen darf, von einer impliziten Präsenz Montessoris in der Pädagogik des 20. Jahrhunderts zu reden.

Wenn wir die Pädagogik des 20. Jahrhunderts in einem großen Bogen überblikken, dann erscheint vor unserem geistigen Auge ein dramatisches, aber dennoch recht leicht zu überschauendes Bild. Ich werde versuchen, dieses Bild mit wenigen Strichen zu skizzieren, um dieses letzte Kapitel meines Vortrags kurz und präzise darbieten zu können.

Die abendländische Erziehung hat für rund 2.500 Jahre eine ziemlich gleichförmige Struktur gezeigt, die sich in drei Momente zergliedern läßt: Erstens ging diese Erziehung von der griechischen Antike bis an die Schwelle zum 20. Jahrhundert davon aus, dass es eine feste, objektive und gesicherte *Ordnung* gibt, die als *„regula hominis et mundi"* das Maß und den Maßstab für alle Erziehung abgab. Zweitens galt in diesem Horizont der *Lehrer und Erzieher* als einer, der diese Ordnung kannte, sie verkörperte und deshalb zu repräsentieren wußte. Drittens hatte der Zögling bzw. Schüler diese durch den Lehrer und Erzieher repräsentierte Ordnung (a) *intellektuell einzusehen* und (b) *moralisch anzuerkennen*, d.h. sein Leben dieser Ordnung anzupassen und sich in diese Ordnung einzufügen.[13]

Diese Struktur der *abendländischen Erziehung* ist im Laufe des 19. Jahrhunderts durch verschiedene Kritiker radikal in Zweifel gezogen und unterminiert worden, bis ihr imposantes und altehrwürdiges Gebäude endgültig brüchig geworden und am Ende eingestürzt ist. Zu diesen Zerstörern gehörten vor allem Charles Darwin mit seinem Gedanken einer universellen Evolution, Karl Marx mit seiner Entdeckung des gesellschaftlichen Unbewußten, Sigmund Freud mit seiner Entdeckung des individuell Unbewußten, Friedrich Nietzsche mit seiner Auflösung aller Werte in bloße Machtinteressen und John Dewey mit seiner These von der Unmöglichkeit einer endgültigen Wahrheit (*truth*) und der notwendigen Beschränkung auf bloß provisorische Gewißheit (*certainty*).

Es wäre außerordentlich interessant, und es wäre auch mein Lieblings- und Spezialthema, jetzt ausführlich über die kulturelle und geistige Entwicklung im 20. Jahrhundert zu sprechen. Ich kann und darf das hier nicht tun, und so muß ich mich darauf beschränken, mit wenigen Strichen das Ende dieser Entwicklung zu zeichnen.

Die geistig-kulturelle Situation am Ende des 20. Jahrhunderts wird gewöhnlich mit dem Schlagwort der „Postmoderne" beschrieben. Wenn ich versuche, den Inhalt dieses Begriffes ein wenig aufzuschlüsseln, dann meint Postmoderne, dass wir heute von einer objektiven Ordnung nicht mehr sprechen und vor allem nicht von ihr ausgehen können. Es gibt keine solche Ordnung mehr, es gibt überhaupt keine endgültige Wahrheit, und es gibt vor allem keine Institution mehr, die eine solche Wahrheit garantieren könnte. An die Stelle der Kirche sind die vielen Kirchen getreten; an die Stelle der *einen* natürlichen Religion, die Gott in die Herzen der Menschen geschrieben hat und von der Rousseau träumte, sind die vielen Konfessionen getreten; an die Stelle der europäisch-westlichen Kultur sind die vielen Kulturen getreten; an die Stelle der *einen* Wissenschaft sind die vielen und beinahe täglich wechselnden Paradigmata getreten. Unsere Zeit ist, wie der französische Philosoph Francois Lyotard so trefflich gesagt hat, durch die Ungläubigkeit gegenüber den großen Meta-Erzählungen gekennzeichnet.[14] Wir glauben nicht mehr an die großen Welterklärungen, wir zweifeln an der Gültigkeit weitgespannter wissenschaftlicher Diskurse, wir relativieren den Anspruch auf dauerhafte Wahrheit, wir leben – wie Dewey schon zu Beginn des 20. Jahrhunderts prophezeite – in einem ständigen Prozeß; die Welt ist für uns nicht mehr eine gegebene Tatsache, sondern eine immer neu zu gestaltende Möglichkeit. Wir leben nicht mehr in einer geordneten Stadt, sondern irren wie Nomaden in einer Wüste voller Irrtümer und Fehler umher.

Wenn wir von dieser postmodernen Interpretation her auf die Trümmer der traditionellen abendländischen Erziehung zurückschauen, dann erblicken wir ein Chaos, das uns ebenso erschreckt, wie die Menschen erschraken, als ihnen die moderne Astronomie ein unendliches Universum ohne Grenzen zeigte, in dem sich der winzig kleine Mensch wie ein verlorener Wassertropfen im Ozean vorkommen mußte.

Angesichts dieses Chaos gibt es für die abendländische Erziehung drei Alternativen. Sie kann vor diesem Chaos kapitulieren, die Erziehung und die Schule abschaffen und in völlige Lethargie verfallen. Viele proklamieren heute, wie wir es an allen Ecken hören können, das Ende der Erziehung, und manche haben die Entschulung der Gesellschaft gepredigt. Die abendländische Erziehung kann aber auch anders reagieren und das Ende der alten objektiven Ordnung nicht zugleich als das Ende jeglicher möglichen Ordnung ansehen. Dann geht es darum, eine neue Ordnung hervorzubringen und aufzubauen. Diesen Weg gehen die Personalisten, welche den Einsturz der objektiven Ordnungen nicht als einen Verlust, sondern als einen Gewinn betrachten und als die große Chance für die Autonomie der menschlichen Person begrüßen. Autonomie meint ja nicht Anomie (Gesetzlosigkeit) oder Anarchie, sondern Autonomie (von griechisch *auto*=selbst und *nomos*=Gesetz) heißt, dass sich der Mensch sein eigenes Gesetz gibt, ein Gesetz, das allgemeingültig, d.h. für jeden Menschen akzeptabel und realisierbar sein soll. Dieses Gesetz ist für die Personalisten in der menschlichen Person begründet, und deshalb ist für sie die Person der höchste Wert und zugleich die höchste Würde des Menschen. Wer meine Philosophie kennt, weiß, dass ich ein leidenschaftlicher Verteidiger dieses Personalismus bin, doch auch darüber habe ich hier nicht zu sprechen.[15]

Die dritte Alternative vertritt Maria Montessori. Auch sie wäre heute gewiß glücklich über den Einsturz der von Menschen erfundenen und von Menschen geschaffenen Ordnungen, weil nämlich genau dieser Einsturz die Herrschaft von Menschen über Menschen beseitigen und den permanenten Kampf zwischen Erwachsenen und Kindern beenden kann. Ich bin sicher – und genau hier berühre ich die Herzmitte von Montessoris impliziter Präsenz in der abendländischen Erziehung am Ende des 20. Jahrhunderts –, dass sie das Verschwinden der Ideologien ebenso begrüßen würde wie das Ende dogmatischer Wahrheiten. Denn sie war die große Visionärin einer von Gott geschaffenen kosmischen Ordnung, die den Menschen eingebettet sieht in eine prästabilierte Harmonie, wofür die geordneten Bahnen der Sterne am Firmament ein anschauliches Beispiel sind. Jeder Mensch trägt schon in seinem embryonalen Zustand seine kosmische Bestimmung in sich, und alles kommt darauf an, dass die Umwelt und die Erziehung nicht gegen diese Bestimmung arbeitet und damit zu einem Teufelswerk entartet, sondern der göttlichen Bestimmung Raum gibt, sich zu entwickeln und zu verwirklichen.

Ich komme an dieser Stelle jäh, aber nicht unerwartet zum Ende. Mit meinen letzten Gedanken habe ich nicht nur über die immanente Präsenz Maria Montessoris in der abendländischen Erziehung des 20. Jahrhunderts gesprochen, sondern die Perspektive auch auf das folgende Jahrhundert ausgedehnt. Es wird die spezielle Leistung Montessoris bleiben, diese kosmische Ordnung gepredigt und diese evolutionstheoretische Weltsicht als archimedischen Punkt für die Erziehung angeboten und verkündet zu haben. In dieser Leistung besteht ihre Botschaft für das alte und neue Jahrhundert. Man mag diese Idee Montessoris teilen oder nicht, man mag ihr zustimmen oder sie ablehnen. Über eines kann es keinen Zweifel geben: Es war Maria Montessori, die diese Botschaft mit unvergleichlicher Brillanz, mit bewundernswerter Rhetorik und mit dem Zeugnis ihrer ganzen Persönlichkeit verkündet hat.

Mit dieser Botschaft ist Maria Montessori explizit und implizit gegenwärtig in der abendländischen Erziehung des 20. Jahrhunderts, und in dieser Botschaft besteht ihre Bedeutung auch in der nahen und fernen Zukunft – implizit und explizit.

Anmerkungen

[1] Vortrag, in spanischer Sprache gehalten am 26. Juli 1999 in Cancun (Mexico), zum Abschluß des von der AMI veranstalteten 23. Internationalen Montessori-Kongresses mit dem Gesamtthema „Maria Montessori explicit and implicit in the 20th Century".

[2] Mirjam Schwegman: *Maria Montessori 1870–1952. Kind ihrer Zeit, Frau von Welt*, Darmstadt 2000.

[3] Siehe dazu Anna Maria Bernardinis: *Il pensiero educativo di Albertine Necker de Saussure*, Firenze 1965.

[4] Octavio Paz: *Sor Juana Ines de la Cruz o las trampas de la fe*, Barcelona 1982.

[5] Winfried Böhm: *Maria Montessori – Bibliographie 1896–1996. Internationale Bibliographie der Schriften und Forschungsliteratur*, Bad Heilbrunn 1999.

[6] Augusto Scocchera: *Maria Montessori: Quasi un ritratto inedito*, Firenze 1990; Ders.: *Maria Montessori. Una stroria per il nostro tempo*, Roma 1997.

[7] Siehe dazu Enzo Catarsi: *La giovane Montessori*, Ferrara 1995.

[8] Maria Montessori: *Antropologia Pedagogica*, Milano 1910. Dieses für ihre Pädagogik grundlegende Buch ist bis heute leider immer noch nicht ins Deutsche übersetzt worden und auch jenen Autoren unbekannt geblieben, die über Montessoris Anthropologie reden und schreiben. Erfreuliche Ausnahmen unter diesen Ignoranten sind in Deutschland neuerdings Christine Hofer und Birgitta Fuchs (siehe ihre Bücher im Literaturverzeichnis am Ende dieses Buches).

[9] *The California Lectures of Maria Montessori, 1915. Collected Speeches and Writings*, ed. by Robert G. Buckenmeyer, Oxford 1997.

[10] Siehe dazu John Chattin-McNichols: *The Montessori Controversy*, Albany (New York) 1992.

[11] Maria Montessori benutzte diesen deutschsprachigen Ausdruck, um sich über jene (deutschen) Anhänger lustig zu machen, die sie fälschlicherweise dafür hielten.

[12] Siehe dazu Giuseppe Flores d'Arcais: *Einige Bemerkungen zum Montessorianismus*, in: *Maria Montessori: Texte und Gegenwartsdiskussion*, hrsg. von Winfried Böhm, 5. Aufl. Bad Heilbrunn 1996, S. 118–121.

[13] Vgl. zu dieser These ausführlich Winfried Böhm: *Was lehrt uns die Geschichte der Pädagogik über die Pädagogik?* In: *Vierteljahrsschrift für wissenschaftliche Pädagogik*, 63 (1987), S. 58–75.

[14] Siehe dazu Wolfgang Welsch: *Unsere moderne Postmoderne*, 5. Aufl. Berlin 1997.

[15] Für Interessierte sei auf mein Buch *Theorie und Praxis*, 2. Aufl. Würzburg 1995, und auf meine *Entwürfe zu einer Pädagogik der Person*, Bad Heilbrunn 1997, verwiesen.

Winfried Böhm

Maria Montessori und die Integration der Kulturen

Wenn ich diesen Vortrag[1] mit der Behauptung begänne, Maria Montessori habe über einen *globalen und umfassenden Begriff von Erziehung* verfügt, würden gewiß alle Zuhörer in diesem gewaltigen Auditorium begeistert zustimmen. Wenn ich dieser Behauptung jedoch unmittelbar die Frage nachfolgen ließe, was denn die beiden Adjektive *„global"* und *„umfassend"* eigentlich und genau bedeuten, dann würde vermutlich große Verwirrung entstehen, denn ein jeder wüßte eine andere Antwort zu geben. Würde ich Sie alle – gestatten Sie mir dieses kleine Gedankenexperiment! – bitten, ihre Antwort auf einen Zettel niederzuschreiben, dann möchte ich sogar wetten, dass auf den rund 500 Zetteln nicht zwei gleiche Antworten zu finden wären. Meine Aussage würde sich also rasch als eine vage Behauptung – ebenso inhaltsleer wie bedeutungslos – herausstellen. Und es müßte sich zwangsläufig die Frage aufdrängen, ob meine so positiv aufgenommene Behauptung dann überhaupt noch als ein Kompliment für Maria Montessori und ihre Erziehungstheorie angesehen werden könnte und nicht vielmehr als eine herbe Kritik und als ein versteckter Vorwurf zu betrachten wäre. Ist Maria Montessoris Begriff der Erziehung, der auf den ersten Blick so allumfassend und integrativ erscheint, bei genauerer Betrachtung vielleicht nur ein buntgewürfeltes Konglomerat, ein farbenfrohes *Patch-work*, ein tumultuarischer Gedankenhaufen, eine willkürlich und eklektizistisch aufgegriffene Sammlung ganz heterogener Ideen, so dass ihre Pädagogik mehr mit dem Märchen vom Aschenputtel gemein hätte als mit den architektonisch wohlgestalteten Gedankengebäuden großer Erziehungsphilosophen? Stellt ihr Begriff von Erziehung am Ende gar nur eine Leerformel, eine bloße Floskel – mein verehrter Kollege Israel Scheffler von der Harvard University würde dann von einem gefährlichen „pädagogischen Slogan" reden[2] – dar, so dass ihn ein jeder wie ein hohles Glas verwenden kann, in das sich jeder beliebige Inhalt füllen läßt?

Diese Fragen stellen sich unausweichlich, wenn wir uns den beispiellosen Triumph vergegenwärtigen, mit dem die Montessori-Pädagogik im 20. Jahrhundert bis in die letzten Winkel der Erde und bis in alle Kulturen unseres Globus hinein vorgedrungen ist – ein Triumph, mit dem sich nicht einmal die weltweite Ausbreitung der Gedanken John Deweys vergleichen läßt[3]. Wie kann dieser Triumph erklärt werden? Und was sind die Gründe dafür, dass dieser Siegeszug auch nach

einem Jahrhundert nicht aufhört, sondern – viele Anzeichen deuten darauf hin – auch noch in das nächste Jahrhundert weitergehen wird?
Wir müssen uns also zunächst überlegen und dabei klären, was die Aussage überhaupt meinen kann, Maria Montessoris Begriff der Erziehung sei global und umfassend gewesen und er habe die verschiedensten Kulturen integriert: die einzelnen wissenschaftlichen Kulturen von den Natur- (*sciences*) zu den Geisteswissenschaften (*humanities*), die experimentelle Forschung ebenso wie die philosophische Spekulation, die realistische Beschreibung von Fakten ebenso wie die hochfliegende Produktion von Ideen, die fundamentalen Thesen der verschiedensten Religionen (vom Christentum über die Theosophie bis zum Buddhismus), die rationalen Aspekte des Menschen ebenso wie seine emotionalen, die östliche Meditation ebenso wie die westliche Zivilisation, den engagierten politischen Kampf für die Rechte der Unterdrückten (Frauen und Kinder) und das entwaffnende Eintreten für Frieden und Pazifismus – etc. etc.
An dieser Stelle muß ich ganz deutlich aussprechen, was meine aufmerksamen ZuhörerInnen längst bemerkt haben: Mein Thema ist nicht aus der Praxis der Montessori-Erziehung heraus erwachsen, sondern es fokussiert die *Erziehungstheorie* der römischen Anthropologin und Erziehungswissenschaftlerin Professor Dr. Dr. Maria Montessori. Mehr noch: Es befaßt sich mit der eigentlichen Grundfrage und mit den Fundamenten dieser Theorie. Damit aber rede ich nicht über etwas, das weit von der täglichen Praxis der Kinderhäuser und Montessori-Schulen entfernt ist, sondern wir diskutieren hier genau jene *Prinzipien*[4], auf denen eine Montessori-Schule aufbauen muß und durch die eine Schule überhaupt zu einer Montessori-Schule wird; und wir reflektieren genau über jene Kriterien, die uns überhaupt erlauben, eine Montessori-Schule zu beurteilen und zu evaluieren. Denn darüber kann es nicht den geringsten Zweifel geben: *Eine Montessori-Einrichtung und eine Montessori-Schule ist nur in dem Maße eine gute Montessori-Einrichtung und eine gute Montessori-Schule, in dem sie den Prinzipien der Erziehungstheorie Maria Montessoris entspricht.* Ohne diese theoretischen Prinzipien wäre sie ein Gebäude ohne tragendes Fundament. Sie hinge – ähnlich wie ein fadiges Spinnennetz – in der Luft, und jeder Windhauch würde sie zerreißen und hinwegblasen. Mit aller Entschiedenheit muß deshalb gesagt werden: Allein die Klarheit über diese Prinzipien macht die Klarheit der Montessori-Erziehung aus[5].
Die kurze Zeit, die uns hier zur Verfügung steht, macht es notwendig, dass ich meine Gedanken auf zwei wesentliche Punkte beschränke. Ich werde im ersten Teil meines Vortrags zu erklären versuchen, was es heißt, bei Maria Montessori von einem globalen und umfassenden Erziehungsbegriff zu sprechen. Im zweiten Teil meines Vortrags werde ich Maria Montessoris Erziehungsbegriff den Erziehungstheorien einiger anderer großer Erziehungsphilosophen gegenüberstellen, um auf diese Weise die Pädagogik Maria Montessoris in noch schärferen

Umrissen, aber gleichzeitig auch in ihren Möglichkeiten und Grenzen darstellen zu können. Es mag dabei paradox erscheinen, dass die herausragende Bedeutung von Maria Montessori gerade dadurch sichtbar gemacht werden soll, dass wir uns die Grenzen und Einseitigkeiten ihrer Erziehungstheorie vor Augen stellen. Aber am Ende meines Vortrages werden meine ZuhörerInnen bemerken, dass es gerade die deutliche Markierung der Grenzen ihres Erziehungsbegriffes ist, die seine Bedeutung in ein besonders helles Licht setzen.

I. Die Pädagogik Maria Montessoris ist nicht nur eine Methode

Wenn wir uns darüber einig sind, Maria Montessori habe einen globalen und umfassenden Erziehungsbegriff entwickelt, dann heißt das erstens und vor allem, dass die Pädagogik Maria Montessoris *nicht* auf eine bloße Methode eingeschränkt werden darf, eine Methode, die man lernen und dann in der Praxis wohlfeil gebrauchen und „anwenden" könnte. Montessoris Theorie nur auf eine Methode zu beschränken, hieße nicht mehr und nicht weniger, als ihre Pädagogik zu verstümmeln und – *horribile dictu* – ihren eigentlichen Rumpf zu amputieren.

Lassen Sie uns das ein wenig genauer betrachten! Wenn Sie mit den Publikationen Maria Montessoris – den zahlreichen Büchern und Aufsätzen sowohl wie mit den unzähligen Kursvorträgen – vertraut sind[6], dann wissen Sie, dass die Dottoressa gegen kaum ein anderes Mißverständnis mehr gekämpft hat als gegen eine Reduzierung ihrer Theorie auf eine lern- und anwendbare Methode. Wenn es zutrifft, dass Montessoris letzte Worte waren: *„Non hanno capito niente!"*[7] (verdeutscht: „Sie haben nichts verstanden!"), dann betreffen diese Worte genau unser Problem. In einem ihrer letzten öffentlichen Vorträge – sein Titel hieß: „On the Child" – offenbarte Dr. Montessori eine der größten Enttäuschungen ihres Lebens. Diese bittere Enttäuschung, fast schon eine quälende Frustration, bestand darin, dass sie über 50 Jahre lang stets dasselbe getan, nämlich mit ihrem Zeigefinger auf das Kind gedeutet habe. Was aber haben ihre ZuhörerInnen und SchülerInnen getan? Sie haben die ganze Zeit statt auf das Kind immer nur gebannt auf ihren Finger gestarrt.
Was wollte Montessori mit diesem Bild sagen? Sie wollte sagen: Mein wirkliches Anliegen und das eigentliche Ziel meiner Anstrengungen war das Kind, während meine unverständigen AnhängerInnen unverwandt auf meinen Zeigefinger geschaut haben, als ob der wichtig wäre und als ob es auf ihn ankäme. *Non hanno capito*, sie haben nicht begriffen, dass es in meiner Pädagogik mehr auf das *Ziel* ankommt als auf den *Weg*. Montessori ging es um das Ziel, vielen ihrer AnhängerInnen ging es um eine Methode. Das ist das große Mißverständnis, unter dem Maria Montessori bis an ihr Lebensende schwer gelitten hat.

An kaum einer anderen Stelle hat Maria Montessori diesen Standpunkt so klar ausgedrückt wie bei dem Internationalen Montessori-Kongreß 1937 in Kopenhagen. Dort sollte sie gleich zur Eröffnung des Kongresses einen Vortrag über ihre Methode halten, und die dort versammelten MontessorianerInnen aus der ganzen Welt waren nicht wenig geschockt, als Maria Montessori diesen Vortrag mit dem ehrlichen Bekenntnis begann, sie könne über dieses Thema eigentlich gar nicht sprechen, denn sie besitze keine Erziehungsmethode und sie habe auch niemals eine entwickelt.[8] Und – noch schockierender – fügte sie hinzu, wer in ihrer Erziehungstheorie nur eine Methode erblicke, der habe von ihren Gedanken so gut wie gar nichts begriffen. Über diese negative Aussage hinaus gab sie positiv freilich eine sehr interessante Erklärung: Wenn es überhaupt eine Montessori-Methode gibt, dann besteht sie in *meiner Theorie des normalen Kindes.*[9]
Wegen der Bedeutung dieser Aussage will ich den Wortlaut zitieren: „Bei dem Thema dieses Abends, 'Meine Methode', fühle ich mich gar nicht wohl, ja, ich möchte sogar sagen – auch wenn mir das meine Zuhörer nicht glauben mögen –, dass ich dieses Thema für das schwierigste halte, das ich in einem öffentlichen Vortrag behandeln kann, *denn ich habe keine Erziehungsmethode entwickelt.* Es ist vielmehr eine Tatsache, dass diejenigen, die diese Methode in der richtigen Weise erklären wollen, sich notwendigerweise auf das Gebiet der Kinderpsychologie begeben müssen, denn es war die Psychologie des Kindes, näherhin das seelische Leben des Kindes, welches mir schrittweise das diktiert hat, was manche gerne eine Didaktik oder eine Erziehungsmethode nennen möchten. Wenn man wirklich sagen könnte, ich hätte eine Erziehungsmethode, dann ist sie gegründet auf die psychische Entwicklung des *normalen Kindes.*“[10]
Diese eindeutigen Aussagen Maria Montessoris – ich könnte leicht eine ganze Liste ähnlicher Äußerungen anführen – dürfen uns nicht im geringsten überraschen, denn sie stammen von einer Frau, von der sich leider bis heute viele Leute, auch viele ihrer AnhängerInnen, ein völlig falsches Bild machen.[11] Ich bin Renilde Montessori, der Enkelin unserer großen Pädagogin, sehr dankbar, dass sie in einem Vortrag, den sie im vergangenen Jahr zuerst in Rom und dann auch an meiner Universität in Würzburg gehalten hat, dieses Bild ihrer verehrungswürdigen Großmutter tüchtig korrigiert hat. Sie hat damals – auch das war für die circa 1000 Zuhörer schockierend – überzeugend gezeigt, dass sich eigentlich kaum einer ihrer Anhänger und kaum eine ihrer VerehrerInnen darum gekümmert hat, wer und wie Maria Montessori wirklich war, sondern alle, auch ihre wissenschaftlichen Biographen, haben sich jeweils ihr eigenes Bild von ihr gemacht – je nachdem, wie sie Maria Montessori gerade gerne sehen wollten. So wurde sie für die Lehrer die geniale Lehrerin, obwohl sie selber niemals in einer Schule unterrichtet hat; für die nach Sinn Suchenden wurde sie die große Visionärin, obwohl sie selbst ihr Leben lang nur gesucht hat; für ihre Jünger

wurde sie die große Meisterin, obwohl sie es haßte, wenn man sie für einen Guru hielt; für die Eltern und für die KindergartenerzieherInnen wurde sie die lieblich-niedliche „Kindergarten-Mutti“, obwohl sie ihr Leben mehr am Schreibtisch und an Rednerpulten verbracht hat als im praktischen Umgang mit Kindern.
Wer war sie wirklich? Eine durch das harte Studium der Naturwissenschaften und der Medizin disziplinierte wissenschaftliche Forscherin und eine hochgelehrte Universitätsprofessorin, die ihre Mission darin erblickte, ein neues Verständnis des Kindes zu verbreiten und eine neue Idee von Erziehung zu verkündigen – und das hat sie 50 Jahre lang getan, ohne zu ermüden oder zu erlahmen, aber man hat sie (bis heute) nicht verstanden.
Ich möchte dazu gerne meine eigene Interpretation hinzufügen. Maria Montessori hat viel zu hoch von dem Beruf der ErzieherInnen gedacht, als dass sie die Mitglieder dieses Berufes jemals dazu hätte herabwürdigen wollen, unmündige Anwender einer Methode zu werden. Sie wünschte sich – wie alle großen Erziehungsphilosophen es seit jeher gewünscht haben – ErzieherInnen und LehrerInnen, die *selbst denken* und *selbst entscheiden* können und nicht des Krückstocks einer Methode bedürfen, um sich pädagogisch auf den Beinen halten zu können.[12]
Wir können also als *erstes Ergebnis* unserer Überlegungen festhalten: Montessoris Begriff der Erziehung ist in dem Sinne global und umfassend, als ihre Pädagogik wirklich eine Theorie und nicht nur eine Methode ist. Was aber heißt *Theorie* – im Gegensatz zur bloßen Methode? *Methode* – aus den griechischen Wörtern *„meta“* und *„hodos“* gebildet, heißt – wörtlich übersetzt – „Weg nach“. Nach dem Weg zu fragen, ist nur dann sinnvoll, wenn man vorher weiß, *wer* diesen Weg gehen will und *wohin* er gehen will. Wenn beispielsweise ich als Ausländer Sie nach dem besten Weg in Baltimore fragen wollte, wäre meine Frage dumm und unsinnig, denn Sie könnten mir gar keine Antwort geben, wenn ich Ihnen nicht vorher gesagt hätte, wohin ich gehen will. Es gibt in Ihrer herrlichen Stadt viele Wege und nicht nur einen; welcher der beste ist, hängt davon ab, *wohin* ich gehen will. Genauso ist es in der Erziehung. Es gibt unendlich viele Methoden, nicht nur eine, und welche die jeweils beste ist, hängt davon ab, wie ich das Kind sehe und welches Ziel ich erreichen will. Zu fragen, welches die beste Methode überhaupt – also allezeit und allerorten – ist, wäre einfach albern, und wer so fragen würde, der gäbe nur zu erkennen, dass er von Erziehung noch sehr wenig verstanden hat: *Non hanno capito niente*!
Eine Theorie der Erziehung darf sich also nicht in einer Methode erschöpfen, sondern sie muß stets zwei weitere Dimensionen umfassen: Sie muß eine klare Aussage über das *Subjekt* machen, das den Weg gehen will, und über das *Ziel*, zu dem dieser Weg führen soll. Die Aussage darüber, *wer* das Kind ist, nennen wir (pädagogische) *Anthropologie* – von den griechischen Wörtern *„anthropos“*

(Mensch) und *„logos"* (Lehre) –, und die Aussage über die *Ziele* nennen wir *Teleologie* – von den griechischen Wörtern *„telos"* (Ziel) und *„logos"* (Lehre).[13]
Wenn Sie sich einmal die Zeit nehmen, die Publikationen Maria Montessoris genau und sorgfältig zu lesen, dann werden Sie auf jeder Seite bestätigt finden, dass sie mehr über das Kind und über die Ziele der Erziehung sagt als über das *Wie*, also die Methode. Auch in ihren zahlreichen Ausbildungskursen hat sie selbst ihre pädagogische Theorie vorgetragen und die Darbietung des didaktischen Materials in aller Regel anderen überlassen. Und ich will nicht versäumen zu erwähnen, dass Maria Montessoris erstes und – von einem wissenschaftlichen Gesichtspunkt aus beurteilt – fundamentalstes Buch den Titel trug: *Antropologia Pedagogica* („Pädagogische Anthropologie") –, und Maria Montessori hat dieses Buch um mehrere Jahre früher geschrieben, als dass sie ihr erstes Kinderhaus betrat[14]. Und – das ist noch interessanter – ihr letztes und wichtigstes Buch „Über die Bildung des Menschen"[15] handelt vom Menschen und von den Zielen, nicht von einer Methode.
Ich bin mir angesichts dieses sachkundigen und gebildeten Publikums sicher, dass Sie alle mit der Anthropologie Maria Montessoris, also mit ihrem Bild vom Kind, und mit ihrer Teleologie, also ihrer Lehre von den Zielen vertraut sind.[16] Dennoch will ich die wichtigsten und zentralen Gedanken wenigstens nennen und hier in Ihr Gedächtnis zurückrufen.
Bekanntlich geht Maria Montessori von der Hypothese aus, in jedem Kind sei schon in seinem embryonalen Zustand ein *immanenter Bauplan* vorhanden und daneben eine *innere Antriebskraft*, die sie mit dem griechischen Wort *„hormé"* benennt, was dem lateinischen Fremdwort „Motor" entspricht. Dieser Bauplan und dieser „Motor" sind nicht zufällig in das Kind hineingekommen, sondern – und das ist ihre zweite Basisvoraussetzung – sie wurden dem Kind im Augenblick seiner Empfängnis von Gott selbst eingestiftet. Montessori spricht – ganz im Sinne der Theosophie – von diesem Gott häufig auch als vom einem „himmlischen Geometer", und sie will damit ausdrücken, dass Gott als der allmächtige kosmische Architekt alles Werden, d.h. die gesamte kosmische Evolution, nach einem intelligenten Plan entworfen hat. So wie er z.B. jedem einzelnen Stern seinen Platz am Firmament zugewiesen und seine unveränderliche Bahn im Universum vorgedacht und vorgeplant hat, so hat er in dem immanenten Bauplan und in der Hormé auch jedem einzelnen menschlichen Individuum seinen Platz auf der Erde und sein Curriculum – dieses lateinische Fremdwort heißt übersetzt: „Laufbahn" – zugeteilt. Hier und nirgendwo sonst liegt, wie Sie alle wissen, der Ursprung des theosophischen und von Montessori ausgebauten Gedankens von einer kosmischen Erziehung[17].
Selbstverständlich hat noch niemals ein Mensch einen immanenten Bauplan gesehen, und noch niemals hat jemand den inneren Antriebsmotor eines Kindes

inspiziert oder „geserviced"; ich bin sicher, dass auch noch nie ein Mensch beobachtet hat, wie Gott diesen Bauplan und diesen Motor bei einem Kinde installiert hat. Wir können das alles gar nicht beobachten, denn es handelt sich dabei nicht um Dinge, sondern um bloße *Ideen* – und Ideen können nicht beobachtet, sondern nur gedacht werden. Deshalb sprechen wir hier von Montessoris *Erziehungstheorie. Und selbstverständlich hat sie diese Theorie nicht anders gefunden als durch Denken, und zwar durch ein neues Denken über das Kind*[18].
Maria Montessori aber war fasziniert von dieser *neuen Idee des Kindes*, und in einer sehr wichtigen Passage ihrer Schrift über „God and the Child" beschreibt sie recht präzise, wie es zu der von ihr ausgelösten pädagogischen Revolution kam: Die alten Erzieher glaubten, sie müßten das Kind wie einen Klumpen knetbaren Wachses formen bzw. wie ein hohles Glas mit Wissen und Werten anfüllen, und die Erwachsenen glaubten seit Menschengedenken, alle spektakulären Erfolge der Erziehung seien *ihre* Leistung und *ihr* Verdienst. Montessoris neue Idee des Kindes läßt dagegen alles in einem vollkommen anderen Licht erscheinen: „Educationists ought rather to have investigated the wonderful powers of divine creation in the child`s soul. It was the nature of the child himself that was worthy of their admiration, rather than a method which was merely an adaptation to those inner, divine 'directives' which govern the *natural course of development.*"[19] Die Erzieher hätten, so betont sie hier, besser die wunderbaren Kräfte der göttlichen Schöpfung im Kinde erforschen sollen, denn es war die Natur des Kindes und nicht irgendeine Methode, welche Bewunderung verdiente.
Dieser eine Satz bezeichnet in der Tat exakt Montessoris kopernikanische Wende in der Erziehung: Nicht mehr der Erzieher ist die Sonne, um die das Kind zu kreisen hat, sondern das Kind enthält in sich alle solare Energie, die es zu seiner eigenen Entwicklung braucht. *Entwicklung, genauer: „der natürliche Lauf der Entwicklung"* ist deshalb der zentrale Schlüsselbegriff der Montessori-Pädagogik. Denn das Geheimnis und das Ziel der Montessori-Erziehung kann aufgrund der zwei genannten Hypothesen nicht mehr darin bestehen, das Kind gemäß einem Entwurf der Erwachsenen zu figurieren und zu modellieren, sondern die Aufgabe der Erziehung kehrt sich radikal um: sie besteht darin, alle behindernden Barrieren zu beseitigen und alle notwendigen Hilfen in der Umgebung bereitzustellen, die das Kind braucht, um gemäß innerem Bauplan und Hormé den *„natürlichen Lauf der Entwicklung"* zu vollenden und am Schluß zu einem *normal entwickelten Menschen* zu werden.

Hier erreicht Montessoris pädagogisches Denken seinen Gipfelpunkt. Denn wenn der Mensch, und zwar jeder einzelne Mensch, sich normal entwickeln konnte und zu einem vollkommen normalen Menschen, d.h. zu einem vollkommenen Menschen geworden ist, dann werden nicht nur die einzelnen Menschen vollkommen, sondern auch die menschliche Gemeinschaft wird es; mehr noch: auch die Natur, auch die Gesellschaft, ja die ganze Welt. Alle psychischen Störungen und alle sozialen Spannungen werden wie mit einem Hauch weggeblasen, und es wird dann ein ewiges Reich des Friedens, eine ungetrübte Eintracht mit der Natur und eine himmelsselige Harmonie des Kosmos herrschen.[20]

Wenn ich diese oberste Turmspitze der Gedankenkathedrale Maria Montessoris beschreibe, wird unverkennbar deutlich, dass sich unsere bewundernswerte Dottoressa dabei selbst meilenweit von aller erzieherischen Praxis entfernt und wie auf Engelsflügeln in den Wolkenhimmel der Utopie entschwebt. Kein einziger nüchterner Erzieher und Lehrer und keine einzige realistische Erzieherin und Lehrerin kann doch im Ernst glauben, dass durch die natürliche, normale und gesunde Entwicklung der Kinder Not, Elend, Armut, Streit, Krieg, Naturkatastrophen etc. etc. einfach weggewischt werden. Und selbstverständlich hat das auch die wissenschaftlich gebildete nüchterne Frau Professor Dr. Dr. Maria Montessori nicht als eine realistische Prognose angesehen. Stets war sie sich des utopischen Charakters – oder sollte ich besser sagen: – des *theoretischen* Charakters ihrer Gedanken und ihrer Visionen bewußt. Und gerade diese utopische Vision des Kindes als göttlicher Heiland und Erlöser, also diese „Vergottung des Kindes“, macht bis auf den heutigen Tag die Faszination ihrer Pädagogik aus und schlägt Erzieher und Erzieherinnen immer wieder in ihren Bann.[21] Welche ErzieherInnen und welche LehrerInnen möchten nicht mit ihrer schlichten und oft mühsamen Alltagsarbeit zu Aposteln am göttlichen Heilswerk des Kindes emporgehoben werden?

II. Die Pädagogik Maria Montessoris im Kontext zu anderen klassischen Autoren

Damit bin ich beim zweiten Teil meines Vortrags angekommen. Dieser zweite Teil wird viel kürzer ausfallen, denn ich will nichts anderes tun, als diese Erziehungstheorie Maria Montessoris den Theorien jener wenigen anderen großen Pädagogen, die sich mit ihr messen können, gegenüberzustellen. Bitte beachten Sie dabei: ich spreche von einem Vergleich zwischen *Theorien* der Erziehung, nicht von einem Vergleich zwischen Erziehungs*methoden*. Meine Frage lautet also nicht: Gibt es eine Methode, die vielleicht in manchem Aspekt effektiver und schneller ist, gibt es eine, bei der man mehr Wissen und nützlichere Werte in das Kind hineinstopfen kann? Gibt es eine, mit der man das Kind besser disziplinieren, sozialisieren und gefügiger für brauchbare Tätigkeiten abrichten kann? Meine Frage heißt: Gibt es ähnlich große Visionen vom Kind und von der Erziehung? Gibt es pädagogische Figuren, die auf der gleichen Höhe wie Maria Montessori stehen? Wer sind sie, und was haben sie uns zu sagen?

Wenn ich die rund dreitausend Jahre abendländischer Erziehungsgeschichte überblicke, dann sehe ich nur fünf andere Theoretiker der frühkindlichen Erziehung, die gleichberechtigt an die Seite von Maria Montessoris Erziehungstheorie treten können. Der erste von ihnen ist der Schweizer Johann Heinrich Pestalozzi. An der Schwelle zur Industrialisierung und angesichts des Zerfalls der alten Großfamilie (und dem Entstehen der Kleinfamilie) trat er energisch für die Rettung der *Familie* und des alten Ideals der mütterlichen Erziehung ein. Für ihn konnte der Kindergarten nur eine subsidiäre Funktion für die erlöschende Familienerziehung haben, und alle ErzieherInnen und LehrerInnen hatten sich deshalb in ihrer Arbeit ganz an der Gestalt der Mutter zu orientieren. Für die Mutter aber war es – in den Augen Pestalozzis – typisch, dass sie zuerst alle elementaren Bedürfnisse des Kindes befriedigte, sodann mit ihm handelte und etwas Sinnvolles tat, um dann drittens mit dem Kind über das Getane zu reflektieren und zu sprechen.

Als die ersten Infant Schools in England und die ersten Kinderasyle in Deutschland entstanden – mit bis zu 150 Kindern in einer Gruppe –, da erwuchs anfangs des 19. Jahrhunderts eine neue Theorie. Der deutsche Pädagoge Johann Friedrich Herbart vertrat die Überzeugung, das Geheimnis der Kindererziehung müsse im *elementaren Lernen* bestehen. Ihr Inhalt müsse es sein, den Kindern diejenigen Stoffe, die sie später in der Schule zu lernen haben, in ihren Grundelementen auf elementare Weise zu vermitteln. Herbart erfand die sog. Curriculumspirale und das elementare (Früh-)Lernen, und er glaubte, dass auch das Verhalten des Kindes vollkommen durch die Vermittlung der richtigen Vorstellungen gesteuert und wie auf einem Computer programmiert und „ausgedruckt" werden könnte. Diese Theorie mag Ihnen modern erscheinen, weil sie vor rund dreißig Jahren in den USA neu entdeckt und vor allem von Jerome S. Bruner vertreten wurde; in Wirklichkeit ist sie rund 200 Jahre alt.

Gegen die Ansicht, die Erwachsenen müßten entscheiden, *was* das Kind lernen und *wie* es das lernen solle, wandte sich vor allem der in Genf geborene Jean-Jacques Rousseau. Er hielt es für einen nicht tolerierbaren Hochmut und betrachtete es als eine unverzeihliche Arroganz der Erwachsenen, dass sie bestimmen wollten, wie die Erziehung des Kindes aussehen und was die Kinder lernen sollten. Gegenüber der Theorie des Lernens vertrat er mit aller Entschiedenheit die Theorie, die Kinder sollten – gemäß ihrer eigenen Natur – *Erfahrungen* machen und sich die Welt durch eigene Erfahrungen, nicht durch künstliches und aufgezwungenes Lernen, erobern.

Maria Montessori, die Rousseaus Pädagogik gut kannte, erhob bekanntlich scharfe Einwände dagegen. Grundsätzlich war sie mit ihm darin einig, dass man das Kind selbst aktiv werden lassen sollte, aber es erschien ihr, als ob Rousseau das Kind nur scheinbar und oberflächlich selbständig werden ließ. Denn auch wenn das Kind seine Erfahrungen machte, waren es immer die Erwachsenen, welche die gewünschten Erfahrungen vorher arrangierten und ermöglichten. Montessori war viel radikaler, wenn sie behauptete, das Kind brauche keine solchen heimtükkischen Arrangements, denn es habe schon in seinem embryonalen Stadium einen immanenten Bauplan und einen Motor in sich, so dass man nur dafür zu sorgen hätte, dass sich das Kind gemäß diesen ihm von Gott gegebenen und deshalb heiligen Kräften *normal und gesund entwickele,* d.h. gehorsam den Gesetzen der kosmischen Evolution.

Von einem deutschen Pädagogen stammt eine Theorie, in deren Licht Montessoris Theorie blaß erscheint. Friedrich Fröbel, der Erfinder des Kindergartens, hat das Verhältnis des Menschen zur Welt in einer tief philosophischen Weise betrachtet und ist dabei zu der These gelangt, dass dieses Verhältnis zwischen Mensch und Welt nicht ein einseitig-einliniges sein kann, sondern ein doppelseitig-dialektisches sein muß. Während Lernen nur ein Prozeß von außen nach innen und Entwicklung nur ein Vorgang von innen nach außen ist, hat Fröbel das *Spiel* als jene menschliche Tätigkeit erkannt, in der sowohl Inneres äußerlich als auch Äußeres innerlich gemacht wird. Deshalb hat nach Fröbel alle Erziehung Spiel zu sein und vorzüglich im Medium des Spiels zu erfolgen.

Die jüngste Theorie wählt wieder einen anderen Ausgangspunkt. Dem Personalismus, einer in den 30er Jahren des 20. Jahrhunderts in Frankreich entstandenen Philosophie der Erziehung, die auch ich in meinen Büchern vertrete, geht es um das Ziel der Emanzipation und Mündigkeit der menschlichen *Person.* Unter Person wird dabei jene eigentümliche Verknotung von Vernunft, Freiheit und Sprache verstanden, die den Menschen von Grund auf kennzeichnet und ihn gegenüber allen anderen Kreaturen auszeichnet. Erziehung bedeutet für diese Theorie also die Weckung und Förderung von Vernunft, Freiheit und Sprache, und sie hält das für pädagogisch richtig, was das Kind von früh an immer vernünftiger, immer freier und immer kommunikativer werden läßt. Erziehung erscheint im Lichte dieser Position als die *Aktuierung der Person*, d.h. die Hilfe zur Selbstgestaltung des eigenen Lebens kraft vernünftiger Wahlen, kraft freier Willensentscheidungen und im kommunikativen Dialog mit den anderen Personen.

Ich möchte Sie jetzt am Ende meines Vortrags noch einmal zu einem Gedankenexperiment einladen. Stellen Sie sich vor, auf dieser Bühne hier stünden die herausragenden Vertreter der sechs genannten Theorien: Pestalozzi, Herbart, Rousseau, Montessori, Fröbel und – wenn Sie es erlauben, möchte ich die zuletzt genannte Theorie des Personalismus selber vertreten, die ich in vielen Veröffentlichungen dargelegt und verteidigt habe[22]. Denken wir uns, jede dieser Figuren hielte ein großes Manifest in der Hand, auf der in leuchtenden Buchstaben bei Pestalozzi „Mutter“ bzw. „Familie“, bei Herbart „Lernen“, bei Rousseau „Erfahrung“, bei Montessori „normale Entwicklung“, bei Fröbel „Spiel“ und bei mir „Mündigkeit der Person“ stünde. Wem würden Sie sich anschließen? Wem würden sie folgen? Und vor allem: Warum?

Ich denke, Sie sollten, ehe Sie eine Entscheidung treffen, alle sechs Repräsentanten von Erziehungstheorien in aller Ruhe anhören und ihre Argumente sorgfältig und geduldig prüfen. Erst, nachdem Sie alle sechs sehr genau und gründlich studiert haben, sollten Sie sich entscheiden. Aber für welche sollten Sie sich entscheiden?

Hier ist meine überraschende und vielleicht sogar schockierende Antwort: Sie sollten sich für keine von ihnen entscheiden, sondern auf Ihr eigenes kritisches Denken vertrauen. Aber dieses eigene Denken darf nicht zufällig, nicht willkürlich und nicht einfach aus der Luft gegriffen sein; schon gar nicht darf es aus dem bloßen subjektiven Wohlgefühl, salopp gesprochen: aus dem hohlen Bauch kommen. Sondern Ihr Denken muß an einer gründlichen Prüfung dieser sechs bedeutenden Theorien der Erziehung geschärft werden, auf ihnen aufbauen. Denn jede dieser Theorien hat auf ihre Weise recht. Die Familie ist genauso wichtig wie die Person, die Erfahrung genauso wichtig wie das Spiel, die Entwicklung genauso wichtig wie das Lernen. Und ein kluger und gebildeter Erzieher darf nicht einen einzigen dieser Aspekte vernachlässigen, wenn er sich nicht an den Kindern versündigen und seine Berufung verfehlen will.

III. Was ist also das Fazit meines Vortrags?

Ich habe Ihnen möglicherweise eine Perspektive für unsere Diskussion dargeboten, die Sie nicht erwartet haben. Ich habe Ihnen erstens gezeigt, dass Maria Montessoris Erziehungsbegriff in der Tat global und umfassend ist, und zwar genau deshalb, weil er sich nicht nur auf eine Methode beschränkt, sondern auch eine ausgearbeitete Anthropologie und eine klare Teleologie einschließt. Würde man Maria Montessori lediglich als die Schöpferin einer Methode und nicht als die Mutter einer umfassenden Erziehungstheorie betrachten, würde man ihr gewiß großes Unrecht zufügen. Montessoris Erziehungsbegriff kann die verschiedensten Kulturen integrieren, weil er als Kern ein fundamentales Moment des Menschseins hat und von einer Vision erleuchtet ist, die alle Menschen dieser Welt teilen und akzeptieren können: den Glauben an göttliche Kräfte im Kind, die nach Entwicklung dürsten und die ihre heilende Wirkung auf das Individuum, auf die Gesellschaft und auf die ganze Welt ausüben wollen. Eines aber steht unumstößlich fest: das ist keine Erziehungsmethode, sondern eine theoretische Vision – eine Vision von utopischer Faszination.

Damit aber tritt Maria Montessori an die Seite der größten Erziehungstheoretiker unserer Geschichte und erwirbt sich den Ruf der Unsterblichkeit. Die Erfinder

von Methoden und große Praktiker der Erziehung werden eine Zeit lang bewundert und verehrt; wenn ihre Zeit vorüber und ihre Methode veraltet ist, werden sie wieder vergessen. Die Schöpfer großer pädagogischer Ideen und Visionen weisen in die Zukunft, und Maria Montessoris Vision des vollkommen normalen Kindes ist in der Tat eine große Zukunftsvision – unglaublich, aber wahr.
Lassen Sie mich diesen Vortrag mit einer sehr kühnen These abschließen, mindestens so kühn wie viele Thesen Maria Montessoris. Die Mission Maria Montessoris ist noch lange nicht zu Ende. Sie wird auch niemals zu Ende gehen, denn die Vision des vollkommen normalen Kindes ist unbeendbar und unvergänglich – auch wenn es in der konkreten Wirklichkeit niemals ein einziges vollkommen normalisiertes Kind geben und die Vision Montessoris daher für immer Utopie, also „reine Theorie" bleiben wird. Diese Vision würde ihre orientierende und inspirierende Leuchtkraft auch dann noch bewahren, wenn kein einziger Erzieher auf dieser Erde noch die Montessori-Methode praktizierte. Aber – und das ist mein abschließender Gedanke – wer immer den ganzen provokativen Gehalt dieser pädagogischen Vision Maria Montessoris begriffen hat, der kann niemals mehr so erziehen, wie er es vorher getan hat, ganz gleich, welche Methode er auch anwendet. Wenn wir das begreifen, und wenn wir ihre Erziehungstheorie so verstehen, dann könnte Maria Montessori vielleicht eines Tages über uns sagen: *„Grazie a Dio, finalmente mi hanno capito* – Gott sei Dank, endlich haben sie mich verstanden."

Anmerkungen

[1] Unter dem Titel *„The Integration of Cultures: The Montessori Contribution"* am 24. April 1998 beim Jahreskongreß „ Montessori Past, Present and Possible. A Global Celebration" der NAMTA (North American Montessori Teacher Association) in Baltimore, Maryland (USA), gehaltener Vortrag. Die Übersetzung des englischsprachigen Manuskripts wurde von Birgitta Fuchs vorgenommen.

[2] Siehe dazu Israel Scheffler: *Die Sprache der Erziehung*, dt. Düsseldorf 1971.

[3] Zum Erfolg der Montessori-Pädagogik und zugleich zur Auseinandersetzung mit ihr in den USA siehe besonders Margaret Howard Loeffler (Ed.): *Montessori in Contemporary American Culture*, Portsmouth (New Hampshire) 1992.

[4] Das deutsche Fremdwort „Prinzip" kommt von dem lateinischen Wort *„principium"* und bedeutet sowohl „Anfang" wie „durchtragender Grund". Wenn wir von Prinzipien reden, dann sprechen wir nicht über etwas Beiläufiges oder gar Beliebiges, schon gar nicht über etwas von der Alltagspraxis Abgehobenes, sondern wir reden darüber, womit eine jede Erziehung „anzufangen" hat und worauf sie sich „gründen" muß. Montessori-Prinzipien sind also jene *Grundsätze*, die immer und überall, d.h. von allem Anfang an und als beständig durchtragender Grund einer jeden Montessori-Erziehung wirksam und gegenwärtig sein müssen, sofern es sich bei dieser Praxis wirklich um Montessori-Erziehung und nicht um irgendeinen anderen Firlefanz handeln soll.

[5] Diese These hat in letzter Zeit vor allem Susanne Gunkel in ihrer (bisher leider) unveröffentlichten Würzburger Diplomarbeit von 1995 mit dem Titel *„Die Praxis der Montessori-Pädagogik"* ausführlich entfaltet und begründet.

[6] Ich verweise an dieser Stelle vor allem auf die jüngste Veröffentlichung von Reden und Vorträgen, die Maria Montessori 1915 in San Francisco, San Diego und Los Angeles gehalten hat und die ein sehr anschauliches Bild von ihren Kursen vermitteln. Siehe *The California Lectures of Maria Montessori 1915. Collected Speeches and Writings*, ed. by Robert G. Buckenmeyer, Oxford (Clio Press), England 1997.

[7] Vgl. dazu den kleinen, aber geistvollen Beitrag von Waltraud Harth-Peter: *Non hanno capito niente!* In: *Maria Montessori. Texte und Gegenwartsdiskussion*, hrsg. von Winfried Böhm, 5. Aufl. Bad Heilbrunn 1996, S.122–126.

[8] Immerhin befand sich Maria Montessori damals schon im stattlichen Alter von 67 Jahren. Wenn es ihr je in erster Linie um eine Methode gegangen wäre, hätte sie das in diesem Alter wohl wissen müssen.

[9] Siehe zu diesem Problem die nach wie vor grundlegende Schrift von Roberto Mazzetti: *Maria Montessori nel rapporto tra anormali e normalizzazione*, Roma 1963.

[10] Maria Montessori: *My method* (1937), in: *Education and Peace*. Chicago 1972, S. 90.

[11] Siehe dazu Augusto Scocchera: *Maria Montessori – una biografia intellettuale*, in: *Maria Montessori – il pensiero, il metodo*,Vol. I, Roma 1993, S. 7–59.

[12] Zum Problem der mündigen ErzieherInnen vgl. neuerdings die im Hinblick auf unser Thema hochinteressante Arbeit von Birgitta Fuchs: *Schleiermachers dialektische Grundlegung der Pädagogik: Klärende Theorie und besonnene Praxis*, Bad Heilbrunn 1998.

[13] Zu dieser Dreidimensionalität der Pädagogik vgl. ausführlich Winfried Böhm: *Theorie und Praxis. Eine Einführung in das pädagogische Grundproblem*, 2. erw. Auflage Würzburg 1995.

[14] Vgl. dazu das aufschlußreiche Buch von Enzo Catarsi: *La giovane Montessori*, Ferrara 1995.

[15] Maria Montessori: Über die Bildung des Menschen, hrsg. von Paul Oswald und Günter Schulz-Benesch, Freiburg 1966.

[16] Bei amerikanischen MontessorianerInnen kann man die Vertrautheit mit den Schriften Maria Montessoris eher voraussetzen als hierzulande, spielt doch in den dortigen Ausbildungskursen die sorgfältige Lektüre der Bücher der Dottoressa im allgemeinen eine viel größere Rolle als bei uns in Deutschland.

[17] Siehe dazu Raniero Regni: *Educazione cosmica*, in: *Maria Montessori - il pensiero, il metodo*, vol II, Roma 1993, S. 35–69.

[18] Vgl. dazu Luciano Mazzetti: *Il bambino tra scienza e poesia in Maria Montessori*, Città di Castello 1987.

[19] Maria Montessori: *Gott und das Kind*, hrsg. von Günter Schulz-Benesch, Freiburg 1995, S.15. In der verbreiteten deutschen Übersetzung lautet das Zitat: „ Man hätte eher die wunderbaren Kräfte der göttlichen Schöpfung in der kindlichen Seele erforschen sollen; mehr als die Methode, die sich nur den göttlichen Weisungen des natürlichen Laufs der Entwicklung angepasst hatte, war die Natur des Kindes selbst würdig der Bewunderung."

[20] Vgl. dazu das lesenswerte Buch von Jan Weisser: *Das heilige Kind. Über einige Beziehungen zwischen Religionskritik, materialistischer Wissenschaft und Reformpädagogik im 19. und zu Beginn des 20. Jahrhunderts*, Würzburg 1995.

[21] Vgl. dazu den magistralen Vortrag von Susanne Heine: *Montessori und die Vergottung des Kindes*, in: *„Kinder sind anders". Maria Montessoris Bild vom Kinde auf dem Prüfstand*, hrsg. von Waltraud Harth-Peter, Würzburg 1996, S. 227–242.

[22] Siehe dazu Winfried Böhm: *Theorie und Praxis – Eine Einführung in das pädagogische Grundproblem*, 2. erw. Aufl. Würzburg 1995, *Männliche Pädagogik – Weibliche Erziehung*, Innsbruck 1998,

Was heißt christlich erziehen? – Fragen, Anstöße, Orientierungen, Würzburg 1992, *Entwürfe zu einer Pädagogik der Person.* Gesammelte Aufsätze, hrsg. von Andreas Lischewski, Bad Heilbrunn 1997, *Theory, Practice, and the Education of the Person*, Washington 1995. Vgl. dazu auch: *„Personalism has been very successful"*. A Dialogue between Winfried Böhm and Carlos Paldao, in: La Educación. Revista Interamericana de Desarollo Educativo, 38 (1994), S. 545–553.

Winfried Böhm

Ein personalistischer Zugang zu Sprache und Kommunikation

Um es gleich zu Beginn deutlich zu sagen[1]: Ich spreche zu Ihnen nicht als ein „Montessorianer“, auch nicht als ein Erzieher und/oder Lehrer, der aus der täglichen Praxis kommt, sondern als ein Pädagoge und Erziehungsphilosoph. Die Aufgabe des pädagogischen Theoretikers ist es, nach den *Grundlagen und Voraussetzungen der Erziehung* zu fragen; der Philosoph ist stets mehr interessiert an der einen Frage nach dem *Warum* als an den vielen Fragen nach dem *Wie*.

Der Inhalt meines Vortrags besteht nicht aus einer Summe von praktischen Erfahrungen, die ich jetzt möglicherweise vor Ihnen ausbreiten und die ich eventuell mit Ihnen austauschen könnte, sondern den Hintergrund meiner Ausführungen bildet der Ertrag eines umfangreichen pädagogischen Denkens – freilich nicht eines „reinen“ Denkens, das ohne jeden Bezug zur Wirklichkeit wäre, sondern eines diese Wirklichkeit klärenden und erhellenden Denkens. Aber auch wenn ich als Erziehungsphilosoph zu Ihnen rede, will ich Sie auf keinen Fall mit trockenen philosophischen Lehrmeinungen und Theorien langweilen, sondern ich möchte Sie einladen, mit mir gemeinsam einige grundlegende Überlegungen zu Sprache und Kommunikation – insbesondere im Hinblick auf das Kind – anzustellen, also ein wenig mit mir „nachzudenken“. Diese Gedanken sollen uns helfen, unter die bloße Oberfläche der alltäglichen Erfahrung von Sprache und Kommunikation hinab zu tauchen oder – mit einem anderen Bild gesagt – hinter den Vorhang der äußeren (sinnlich wahrnehmbaren) Erscheinung von Sprache und Kommunikation zu blicken, um ihren tieferen pädagogischen Sinn besser zu verstehen. Am Ende soll uns diese philosophische Überlegung in die Lage versetzen, auch ein tieferes Verständnis und eine kritische Würdigung des Standpunktes von Maria Montessori zu dieser Frage zu gewinnen.

Die erste Überlegung muß gleich bei dem Titel meines Referats beginnen. Ist das Thema „Ein personalistischer Zugang zu Sprache und Kommunikation“ nicht eine pure Tautologie ähnlich wie die Rede von einem weißen Schimmel. Was sollte es sonst für einen Zugang zu diesem Thema geben, wenn nicht einen personalistischen? Leblose Körper sprechen und kommunizieren nicht; Pflanzen und Tiere kommunizieren wohl (beispielsweise haben Bienen, Ameisen und Termiten außerordentlich differenzierte Kommunikationssysteme!), aber sie sprechen nicht. Nur der Mensch hat Sprache, und diese Fähigkeit der Sprache gehört zu jenen Merkmalen, die den Menschen als Person auszeichnen.

Vieles, was sich am Menschen seiner biologischen Ausstattung nach feststellen läßt, kann als eine Fortsetzung und Weiterentwicklung seiner Tierheit angesehen werden. Selbst der vitale Ausdruck, der Schrei des Hungers oder der Schrei der Lust, kann natürliche Auslöser haben. Allein die Sprache und das im Sprechen sich vollziehende Abstandnehmen von den Dingen – Sie kennen vielleicht das berühmte Bild in den griechischen Meteora-Klöstern, auf dem Adam Abstand von den Tieren und Macht über sie gewinnt, indem er ihnen Namen gibt! – und allein das in der Sprache geleistete Entscheiden ermöglicht es dem Menschen, sich über die Animalität des Tieres zu erheben. Der Grund dafür liegt darin, dass der Mensch durch die Sprache nicht nur seine natürlichen Zustände und Gefühle unmittelbar ausdrücken kann, sondern diese *auf reflexive Weise* in verobjektivierten Satzstrukturen darzustellen vermag. Der Mensch ist das Wesen, welches über sich selbst sprechen kann, welches sich selbst interpretieren, welches Kultur – und Kultur ist immer sprachlich; man denke an Geschichte, Kunst, Theater, Religion etc. etc. – hervorbringen kann und welches sich sprechend und sprachlich seine eigene Welt schafft. In der Sprache interpretiert sich der Mensch selbst und seine ihn umgebende Welt. In der Sprache – nicht nur in der „erschriebenen Welt" der Literatur – stiftet der Mensch Welt und definiert er seine eigene Stellung in dieser Welt.

Die Sprache ist nicht nur – wie Charles Darwin meinte – die Fortsetzung des tierischen Dranges nach Lebensmeisterung, sondern sie ist etwas völlig Neues, das erst mit dem Menschen, genauer: das erst mit dem Heraustreten des Menschen aus seinem unschuldigen Naturzustand und mit dem Beginn seiner Vergesellschaftung zustande kommt. Auf besonders schöne und literarisch sehr lebendige Weise hat das Jean-Jacques Rousseau in seinem Essay über den Ursprung der Sprache aus dem Jahre 1759 dargestellt.[2] In unseren Tagen hat besonders der deutsche Philosoph Hans-Georg Gadamer mit Nachdruck auf dieses charakteristische Merkmal der Sprache hingewiesen: Sprache ermöglicht es dem Menschen, Abstand von den Dingen zu gewinnen und eigene Wahlen und Entscheidungen zu treffen; wo Menschen zusammenleben, dort beruht dieses Zusammenleben auf dem Austausch von Worten, dem Ausgleich von Interessen, dem Aufbau von Gemeinsamkeiten, der Erarbeitung von Konsens – und alles das geschieht durch Sprache und Kommunikation. Um es noch einmal kurz zu sagen: Durch die Sprache und in der Sprache ist der Mensch jeder natürlichen Determinierung und jeder natürlichen Getriebenheit enthoben und findet sich in Abstand von sich selbst und in einem Zustand, in welchem er *aus freier Wahl und Entscheidung handeln kann.*

Aber das sind Selbstverständlichkeiten, und nicht über solche jedermann geläufigen Selbstverständlichkeiten will ich hier sprechen und auch nicht darüber, wie das Kind Sprache und Kommunikation lernt bzw. hervorbringt. Mein Thema ist ein ganz anderes, und ich möchte es folgendermaßen näher präzisieren:
Dass der Mensch durch seine Sprache von allen anderen Lebewesen unterschieden ist und dass die *Sprache* – neben der *Freiheit* seines Willens und neben der *Vernunft* seines Denkens – deshalb in besonderer Weise nicht nur ein charakteristisches, sondern sogar ein konstitutives Merkmal des Menschen ist, setze ich als bekannt und als unumstritten voraus. Meine Frage, die uns hier interessieren soll, zielt darauf, wie die einzelnen pädagogischen Theorien diese Tatsache der menschlichen Sprache und Kommunikation behandeln und welche Bedeutung sie ihr zuerkennen. Ich möchte Ihnen in den folgenden dreißig Minuten zeigen, dass die verschiedenen Erziehungsphilosophien die grundlegende Tatsache der menschlichen Sprache und Kommunikation nicht in Frage stellen, dass sie ihr aber dennoch unterschiedliche Bedeutung beimessen. Und das ist ein sehr interessantes und aufschlußreiches Thema – auch und gerade im Hinblick auf Maria Montessori und ihre Einordnung in die Geschichte der Erziehung.
Es versteht sich von selbst, dass ich in diesem kurzen Vortrag nicht alle Erziehungsphilosophien vorstellen und prüfen kann, die sich im Laufe der 2.500 Jahre langen Geschichte der abendländischen Erziehung gebildet und artikuliert haben. Das ist auch gar nicht notwendig. Denn wenn wir die rund zweieinhalb Jahrtausende westlicher Erziehungskultur in einem großen Bogen überblicken, werden wir leicht feststellen, dass es eigentlich nur *drei* wichtige Theorien gibt, die im Laufe der Jahrhunderte die Erziehung unterschiedlich interpretiert und dem entsprechend unterschiedlich gestaltet haben. Diese drei Theorien sind rasch einzusehen und leicht zu verstehen, besonders dann, wenn wir sie – wie es hier geboten erscheint – sehr global zusammenfassen und nur grob umreißen.
Sie beruhen alle drei auf der selbstverständlichen Erfahrung, dass sich das Menschwerden des Menschen in dem Spannungsverhältnis von drei Polen vollzieht: *Natur, Kultur* (bzw. Gesellschaft) und *Person*. Es ist sowohl die gespeicherte Kollektiverfahrung der Jahrhunderte abendländischer Geschichte als auch die lebendige Erfahrung jedes einzelnen Individuums, dass auf die Menschwerdung des Menschen und auf seine Erziehung drei Kräfte einwirken: die natürliche Ausstattung, die kulturell-gesellschaftliche Umgebung und das eigene autonome Ich, d.h. die eigenen Wahlen und Entscheidungen. Natur und Kultur beeinflussen den Menschen und seine Erziehung, aber der Mensch kann sich in seiner Menschwerdung auch selbst bestimmen – sogar gegen seine Natur und gegen seine Kultur und Gesellschaft.

Der Unterschied zwischen den einzelnen Erziehungsphilosophien besteht nicht darin, dass sie diese drei Faktoren oder einen von ihnen gänzlich leugnen. Der Unterschied erwächst vielmehr daraus, dass sie diese drei Faktoren unterschiedlich gewichten und sie in eine hierarchische Rangordnung bringen. Eine Gruppe von Theorien erklärt die Natur zum Prinzip und behauptet, die Erziehung des Menschen werde ganz entschieden durch seine Natur bestimmt – wir können diese Erziehungsphilosophien *„naturalistisch"* nennen. Eine andere Gruppe von Theorien erklärt die Kultur bzw. die Gesellschaft zum Prinzip und behauptet, die Erziehung des Menschen hänge ganz entscheidend von der kulturellen und besonders von der gesellschaftlichen Umwelt ab – wir können diese Erziehungsphilosophien *„kulturalistisch"* oder besser *„sozialistisch"* nennen, freilich „sozialistisch" nicht in einem politischen, sondern in einem philosophischen Sinne, obwohl alle im politischen Sinne sozialistischen Erziehungstheorien und alle Staatspädagogiken selbstverständlich zu dieser Gruppe gehören. Eine dritte Gruppe von Theorien bestreitet zwar den Einfluß von Natur und Gesellschaft nicht, erklärt aber die personale Freiheit und die Autonomie des Ich zum Prinzip und vertritt den Standpunkt, in der Erziehung gehe es in erster Linie darum, dass der Mensch lernt, sich von seiner Natur und von der Gesellschaft unabhängig zu machen und sein Leben selbst zu bestimmen und zu gestalten – wir können diese emanzipatorischen Erziehungsphilosophien *„personalistisch"* nennen.
Wenn wir uns an den großen Schweizer Pädagogen Johann Heinrich Pestalozzi erinnern, dann werden wir feststellen, dass dieser bereits vor 200 Jahren eine Unterscheidung getroffen hat, die unserer Dreiteilung der Erziehungstheorien entspricht. Pestalozzi hat gezeigt, dass wir die Erziehung des Menschen auf drei ganz unterschiedliche Weisen betrachten und deuten können: einmal als *Werk der Natur*, einmal als *Werk der Gesellschaft* und einmal als *Werk des Menschen* bzw. als Selbstgestaltung der menschlichen Person.[3]
Ich werde diese drei verschiedenen Erziehungstheorien mit wenigen Strichen grob skizzieren und jeweils fragen, welche Bedeutung sie der menschlichen Sprache und der zwischenmenschlichen Kommunikation zuerkennen.

I. Sprache und Kommunikation in der naturalistischen Perspektive

Die „naturalistischen" Erziehungsphilosophien bedienen sich einer Terminologie, die viele Bilder aus der Natur aufnimmt und die Menschwerdung des Menschen in Analogie zu dem Wachsen und zur Entwicklung in der Natur, also bei Pflanzen und Tieren, sieht. Diese Metaphern und Bilder werden bevorzugt aus der Biologie und aus der Zoologie gewählt. Das beliebteste Bild ist dabei jenes von Same und Pflanze. So wie der Same alles enthält, was später die fertige Pflanze zeigt, wird angenommen, dass auch das Kind schon im embryonalen Zustand

die fertige menschliche Persönlichkeit in sich trägt – freilich noch als verborgenes „Geheimnis“, das sich erst im Laufe von Wachsen und Entwicklung offenbart. Im Kind – so lautet die anthropologische Grundthese dieser Erziehungsphilosophie – steckt der komplette innere Bauplan für seine Entwicklung, und die Umgebung kann die gesunde, d.h. die „normale“ Entwicklung des Lebewesens nur hindern oder fördern, aber ändern kann und darf (!) sie sie nicht. Es kommt darauf an, eine vorbereitete Umgebung zu schaffen, in der das Kind sich normal entwickelt und in der es nicht in schiefe Bahnen gelenkt wird – meistens sprechen diese Theoretiker dann von Deviationen –, sondern auf der Schiene seiner normalen Entwicklung weiterfährt. Erzieher und Lehrer haben diese Entwicklung und ihre immanenten Gesetze sorgfältig zu beobachten und streng zu beachten, damit sie der Natur die Hand reichen und dem sich selbst entwickelnden Kind alle notwendigen – freilich keine überflüssigen! – Hilfen, Mittel, Apparate, Materialien etc. anbieten können, deren der wachsende Organismus an geistiger Nahrung bedarf.
Wenn hier von Freiheit die Rede ist, wird diese Freiheit nur in einem sehr eingeengten Sinne verstanden, nämlich als biologische Entwicklungsfreiheit; dass das Kind auch die Freiheit haben soll, selbst zu entscheiden, was es tun und lassen will – vielleicht sich auch gegen seine eigene Natur und gegen seinen Bauplan zu entscheiden (nur das wäre ja wirkliche Freiheit!) –, davon wird hier nicht gesprochen. Auch daran, dass das Kind im echten Sinne des Wortes „freitätig“ mit den ihm vorgelegten Entwicklungsmaterialien umgehen und hantieren dürfte, ist nicht zu denken.
Ich gebrauche ein anderes Bild, um zu verdeutlichen, wie der naturalistische Pädagoge denkt. Er betrachtet die Menschwerdung des Menschen wie die Aufwicklung einer Papierrolle, auf der die ganze Geschichte dieses Menschen von der Natur bereits vorgeschrieben (im wörtlichen Sinne: vorhergeschrieben!) ist: am Anfang noch wie ein Geheimnis verborgen (wie ein Film „unentwickelt“ sein kann), dann aber allmählich vom Kinde offenbart und am Ende deutlich lesbar. Wichtig und entscheidend dabei ist: Die gesamte Geschichte dieses Lebens ist von Anfang an von der Natur vorgeschrieben. Weder das Kind noch der Erzieher kann und darf an dieser Geschichte das Geringste ändern; nicht einmal einen Buchstaben darf man verrücken.
Wenn Theoretiker dieses pädagogischen Naturalismus dann noch glauben, hinter dieser Natur und ihren Gesetzen stünde Gott, und es sei dieser himmlische Geometer oder dieser kosmische Designer, der die Gesetze und Pläne in das Kind schreibt und so seine Geschichte vorverfaßt hat, dann wird jeder erzieherische Eingriff sogar zur Sünde gegen Gott, ja zur teuflischen Gotteslästerung. *Nicht erziehen* wird dann zum Grundsatz für die beste Erziehung, und die Rolle der Erzieher und Lehrer schrumpft darauf zusammen, die Natur des Kindes zu beob-

achten, ihr zu dienen und nur als Bindestrich zwischen Kind und Natur zu wirken.

Dass im Kontext einer solchen Theorie auch die Sprache des Menschen als eine Naturtatsache begriffen werden kann, liegt auf der Hand. Die Sprache wird als ein Naturmerkmal des Lebewesens Mensch angesehen, das sich genauso nach inneren Gesetzen entwickelt wie andere natürliche Eigenschaften, beispielsweise das Schlafen, das Gehen, das Sehen, das Riechen, das Hören, etc.. Auch die Kommunikation wird als eine Naturtatsache begriffen, die sich entwickelt. Sprache und Kommunikation werden dabei nicht als das erkannt, was sie wirklich sind: geniale Schöpfungen und personale Hervorbringungen des Menschen, einmalige und unwiederholbare Mitteilungen zwischen Ich und Du.

II. Sprache und Kommunikation in der sozialistischen Perspektive

Die „sozialistischen" Erziehungsphilosophien gebrauchen nicht Analogien, die sie aus der Natur hernehmen, sondern sie sprechen lieber die Sprache der Soziologie. Sie betrachten die Menschwerdung des Menschen nicht als ein natürliches Wachstumsgeschehen, sondern für sie ist die Erziehung eine soziale Tatsache; sie beruht nicht auf der Natur des Menschen, sondern sie geht aus der Gesellschaft hervor. Garant und Hüterin der Erziehung ist nicht die Natur mit ihren Gesetzen, sondern Trägerin der Erziehung ist die Gesellschaft.

Die Gesellschaft schreibt die Normen und Gesetze, die Regeln und die Verhaltensweisen vor. In ihrem kollektiven Gedächtnis sind die Traditionen und die Werte gespeichert, die der Heranwachsende zu lernen und zu verinnerlichen hat, damit er ein gesellschaftliches und gesellschaftsfähiges Wesen wird. Die erste Geburt ist nur ein biologisches Faktum, und das neugeborene Kind ist, wie sich Emile Durkheim nicht zu sagen scheute, nur ein Klumpen Fleisch. Die Erziehung ist eine notwendige zweite Geburt, die dem Menschen zu seiner biologischen Natur eine gesellschaftliche Natur hinzugibt und ihn damit überhaupt erst zum Menschen macht. Die Erzieher und Lehrer wirken hier als gesellschaftliche Agenten, die dem Kind die gesellschaftlichen Traditionen übermitteln und es alles das lehren, was zu seiner gesellschaftlichen Natur gehört. Die gesellschaftliche Erziehung macht den Menschen zum Menschen, die Natur ist dagegen geradezu ein Nichts.

Im Umkreis dieser Erziehungsphilosophie geht es stets um Lernen und um Internalisierung. Im Kinde ist nichts, also muß ihm alles von außen gegeben werden: Wissen, Kenntnisse, Werte, Regeln, Verhaltensweisen, die Religion, die Kunst, die richtigen Urteile etc., etc. Es ist bei diesen Theoretikern die Rede von Curricula, von genauen Plänen des Lehrens und Lernens, von präziser Evaluierung aller einzelnen Lernschritte, von genauen Messungen – und alles das bekommt den Anstrich von höchst (erziehungs-)wissenschaftlichen Unternehmungen.

Um auch hier ein Bild zu gebrauchen: das Kind erscheint hier als ein leeres Blatt – eine *tabula rasa,* wie John Locke sagte –, auf dem bei seiner Geburt nichts steht. Seine Geschichte ist noch nicht einmal vorgedacht, erst recht nicht vorgeschrieben. Kein einziges Wort steht auf dem Blatt. Die ganze Geschichte *wird erst geschrieben* – aber, *horribile dictu,* nicht vom Kind, sondern von den Schreibern und Schriftgelehrten der Gesellschaft, d.h. von den Erziehern und Lehrern. Das Kind wird auf diese Weise so recht eigentlich zu einem Patienten (von lateinisch *pati:* erleiden) der Erziehung; es erträgt und erfährt sie passiv. Das Kind muß quasi sein leeres Blatt hinhalten und sich von den gesellschaftlich bestellten (und bezahlten) Erziehern und Lehrern seine Geschichte schreiben lassen – gehorsam und bereit, sich zu fügen und einzufügen.

Dass das Kind selber aktiv und schöpferisch sein könnte, das wird von streng sozialistischen Erziehungsphilosophien ebenso verkannt wie von den naturalistischen: auch hier gibt es keine wirkliche Freiheit, keine wirkliche Wahl und Entscheidung. Dort aktives Wachsen und Sich-entwickeln, hier passives Erleiden und Hinnehmen. Erkenntnisse und Werte nicht als lebendige produktive Schöpfungen des Menschen, sondern als empfangenes (totes) Wissen und als von außen aufgenommene (versteinerte) Doktrinen und Ideologien.

Dass Sprache und Kommunikation im Horizont dieser Erziehungsphilosophie nur eine beschränkte Funktion haben können, liegt auf der Hand. Beide werden zu einem Mittel der gesellschaftlichen Verständigung; sie werden zu einem *Instrument,* das der Mensch, um gesellschaftlich zu werden, lernen muß, wie er andere Dinge – Religion, Mathematik, Radfahren, Schwimmen, mit Messer und Gabel essen etc. – lernt. Für die Sprache als Kunst, als Kulturphänomen oder gar als Medium der Weltgestaltung herrscht in dieser Erziehungsphilosophie wenig Verständnis. Dagegen wird die Sprache überwiegend von ihrer rein instrumentellen Seite her betrachtet: als Instrument für Lehre und Lernen und als Instrument der Informationsvermittlung.

III. Sprache und Kommunikation in der personalistischen Perspektive

Hier setzt die Kritik der dritten Erziehungsphilosophie ein: der personalistischen. Da sie das Kind weder als von der Natur determiniert noch als von der Gesellschaft bestimmt ansieht, kann sie sich weder mit der naturalistischen noch mit der sozialistischen Sichtweise einverstanden erklären. Für die personalistische Erziehungsphilosophie ist schon das Kind eine Person – und das heißt: konstituiert durch jene drei Elemente, die in ihrer unlösbaren Verknüpfung das Wesen des Menschen als Person ausmachen: *Freiheit, Vernunft und Sprache.* Freilich trägt das

Kind diese drei Merkmale zunächst nur als bloße Möglichkeiten in sich, so dass der Prozeß der Menschwerdung in dieser Perspektive als eine langsame, aber stets aktive Verwirklichung dieser Möglichkeiten betrachtet wird. Erziehung ist für diese Philosophie der langwierige und vom Kind selbst zu leistende Gang von der bloßen Möglichkeit von Vernunft, Freiheit und Sprache zu immer mehr wirklicher, d.h. verwirklichter Vernunft, Freiheit und Sprache. Das Kind wird *nicht* als ein Naturwesen angesehen, das sich vom Samen zur fertigen Pflanze „entwikkelt", auch *nicht* als ein leeres Gefäß, in das die Gesellschaft das Gebräu ihres Wissens und ihrer Werte „hineingießt", sondern das Kind erscheint als ein Wesen, dem unendlich viele Möglichkeiten zur Verfügung stehen, aus denen es selber wählen muß, um auf diese Weise durch seine eigenen Wahlen und Entscheidungen seine einmalige und einzigartige *Person* wie sein eigener Architekt zu entwerfen und wie sein eigener Zimmermann aufzubauen. Das Kind wird nicht bestimmt – weder von der Natur noch von der Gesellschaft –, sondern es bestimmt sich selbst, und zwar durch seine *vernünftigen Wahlen*, durch seine *freien Handlungen* und durch die *sprachliche Kundgabe*, in der es seine Entscheidungen gegenüber den anderen legitimiert, interpretiert und kommuniziert.
Um wieder auf mein Bild zurückzukommen: Das Kind entwickelt nicht eine Geschichte, die ihm die Natur bereits vor seiner Geburt vorgeschrieben hat, so wie es etwa im Photolabor geschieht, wenn der Photograph einen bereits belichteten Film „entwickelt"; das Kind ist auch nicht ein blankes Stück Papier, auf das die Gesellschaft seine Geschichte zu schreiben hätte. Die Erziehung besteht vielmehr darin, dem Kind alle Möglichkeiten zu geben, um seine eigene Geschichte frei zu erfinden und selbst zu verfassen. Das Kind soll der authentische Autor seiner eigenen Lebens- und Sinngeschichte werden, und es soll diese Geschichte den anderen mitteilen und diese Geschichte mit den Geschichten der anderen Menschen – nah und fern – abstimmen, so dass am Ende nicht ein Chaos vieler Einzelgeschichten entsteht, sondern die vielfältige und bunte Literatur von Geschichten, die aufeinander bezogen und miteinander in Harmonie gebracht worden sind. Jeder singt – wie Rousseau in dem erwähnten Essay sagt – seine eigene und unverwechselbare Lebensmelodie, aber keiner singt sie – wie die naturalistische Erziehungsphilosophie es uns vormachen will – als individueller Sänger nur für sich und ohne Rücksicht auf die anderen. Vielmehr hat jeder seine eigene Melodie zwar selber zu erfinden und selber zu singen, aber nicht ohne auf die anderen zu hören und nicht ohne seinen Gesang mit dem der anderen abzustimmen, damit am Schluß nicht ein wildes Geschrei oder nur ein wirres Quodlibet entsteht, aber auch nicht nur das Unisono eines gesellschaftlichen Marschliedes ertönt, sondern der polyphone Zusammenklang von Menschen, die durch ihre Melodien die Welt schöner und reicher machen.

Dass in dieser personalistischen Erziehungsphilosophie der Sprache und der Kommunikation eine sehr große, ja eigentlich eine ganz zentrale Bedeutung zukommt, ist leicht einzusehen. Das Erfinden und Komponieren seiner eigenen Lebensgeschichte wird hier als eine Tätigkeit begriffen, die in jener sprachlichen Verfassung des Menschen selbst begründet liegt, von der wir am Anfang dieses Vortrags gesprochen haben. Weil der Mensch von Beginn an neben Vernunft und Freiheit auch Sprache *ist* – nicht nur Sprache *hat* –, deshalb ist die Sprache nicht nur ein Naturding und nicht etwas, das dem Menschen erst durch die Gesellschaft gegeben werden könnte oder gegeben werden müßte; wenn der Mensch nicht von Anfang an sprachlich verfaßt wäre, könnte er überhaupt keine Sprache lernen!

Alle Erziehung wird im Horizont dieser Erziehungsphilosophie konsequent als Sprache und als Kommunikation aufgefaßt, und der *Dialog* wird zum eigentlichen *Kern* aller Erziehung. Mehr noch: Erziehung wird selbst zum Dialog – Dialog freilich nicht nur als verbaler, sondern in allen seinen vielen möglichen Formen und Modalitäten: schon als Lächeln des Säuglings, als Lachen der Schüler, als exemplarische Repräsentation von Werten, als kosende Umarmung der Liebenden, als Beispiele gelebten Lebens und schließlich als rhetorisch-argumentativer Dialog im engeren Sinne.

Die konkrete Erziehungssituation, also die wirkliche Erziehungspraxis, wird von dieser personalen Erziehungsphilosophie als ein Konflikt zwischen mehreren Entwürfen und Entscheidungen gedeutet, und das erzieherische Kernproblem besteht darin, in einer gegebenen Situation durch Argumente von der jeweils vernünftigeren und besseren Wahl und Entscheidung zu überzeugen. Es geht – wie wiederum der weise Rousseau gesagt hat – in der Erziehung (und übrigens genauso in der Politik) darum, durch Argumente für die richtige Wahl zu *überzeugen*. Wenn es nicht um Überzeugung ginge, dann bräuchte man keine Bücher mehr zu schreiben und auch keine Vorträge mehr zu halten – auf Kongresse könnte man dann völlig verzichten –, sondern dann müßte man nur die Polizei rufen oder das Militär aufmarschieren lassen.

Nur in dieser dritten Erziehungsphilosophie wird die Freiheit zum Herzstück der Pädagogik, denn für die Erziehungsphilosophie des Personalismus muß Erziehung grundsätzlich stets scheitern können, und eine Erziehung, die nicht scheitern könnte und dürfte, wäre keine Erziehung mehr. Freiheit ist hier in ihrem vollen Sinne sittliche und personale Freiheit, von der weder in der naturalistischen noch in der sozialistischen Philosophie eine richtige Idee besteht.

IV. Fazit und Ausblick

Es wird höchste Zeit, dass ich zum Schluß komme. Am Ende unserer kritischen Revision von drei verschiedenen Erziehungsphilosophien möchte ich zwei Fragen zur Diskussion stellen:

1. Zu welcher der drei Gruppen von Erziehungsphilosophien ist Maria Montessori zu rechnen? War sie eine Naturalistin, war sie eine Sozialistin, war sie eine Personalistin? Von der Antwort auf diese Frage hängt unser gesamtes Urteil über die Montessori-Pädagogik ab. Viele Montessorianer mögen geneigt sein, ihre geliebte und verehrte Dottoressa als eine im wörtlichen Sinne so „überragende" Pädagogin anzusehen, dass sie ihnen als zu erhaben und zu groß erscheint, um in eine dieser Gruppen eingeordnet werden zu können. Diese Anhänger möchten in Maria Montessori am liebsten einen Schirm sehen, der alle drei Gruppen überspannt. Eine solche Antwort – so beliebt und so willkommen sie auch sein mag – wäre aber wohl „überspannt", wenn wir eingesehen haben, dass es zum Wesen einer jeden stimmigen Erziehungsphilosophie gehört, eine klare Entscheidung über den Vorrang von Natur, Gesellschaft oder Person treffen zu müssen. Und eine solche klare Prioritätensetzung ist auch deshalb notwendig, damit eine Erziehungstheorie die ihr nachfolgende Erziehungspraxis klar und eindeutig orientieren und anleiten kann. – Wo liegt also Maria Montessoris Priorität? Und welche Rolle spielt bei ihr die menschliche Sprache und die zwischenmenschliche Kommunikation? Ist sie für sie ein Naturding, das sich gesetzmäßig entwickelt? Ist sie ein gesellschaftliches Instrument, welches das Kind lernen und erwerben muß? Oder sind Sprache und Dialog für sie der wahre und tiefe Kern aller Erziehung, so dass die Erziehung weder von innen noch von außen, sondern nur im gemeinsamen Dialog erfolgen kann? Eine wichtige Frage und eine ganz entscheidende Antwort!

2. Welcher der drei Gruppen von Erziehungsphilosophien schließen wir uns an? Welche erscheint uns, d.h. Ihnen und mir, am plausibelsten und am überzeugendsten? Wenn Sie erziehen und unterrichten, wollen Sie dann ein Naturalist, ein Sozialist oder ein Personalist sein? Auch hier ist eine Entscheidung notwendig, denn man kann – wenn man eine klare und gerade Linie gehen will – nicht hin- und herschwanken und nicht wie ein Betrunkener in Schlangenlinien einhertaumeln und einmal dahin, ein andermal dorthin torkeln. Die Erziehung des Kindes verlangt nach geraden Wegen, und den geraden Weg zeigt uns allein eine klare Theorie. Ohne konsequente Theorie, d.h. ohne einen sicheren Wegweiser, irren wir in der Praxis herum wie im Nebel – und das alles zum Schaden der Kinder. Ob es die Praktiker zugeben wollen oder nicht,

ob es ihnen gefällt oder nicht: Wann immer man eine in der erzieherischen Praxis getroffene Entscheidung – ganz gleich, welcher Art, – sorgfältig genug analysiert, dann stößt man immer auf eine darunter liegende pädagogische Theorie. Zu glauben, man könne erzieherisch handeln ohne Theorie, ist eine der gefährlichsten pädagogischen Selbsttäuschungen. Und wir sollten uns doch beim Erziehen und Unterrichten nicht selbst betrügen! Welcher Theorie also wollen Sie folgen? Für welche wollen Sie sich entscheiden? Von der Antwort auf diese Frage hängt Ihre Praxis entscheidend ab.

An dieser Stelle beende ich meinen kurzen Vortrag. Ich ende dort, wo der Vortrag eines Erziehungsphilosophen immer enden sollte: an dem Punkt, wo die praktischen Erzieher und Lehrer anfangen müssen, selbst zu denken und selbst zu entscheiden.

Anmerkungen

1 Dieser Vortrag wurde am 24. Juli 1997 in der Großen Aula der Universität Uppsala (Schweden) in englischer Sprache gehalten anläßlich des von der AMI veranstalteten 22. Internationalen Montessori-Kongresses mit dem Thema „Sprache und Kommunikation". Der Vortrag fand ein sehr lebhaftes Interesse und wurde heftig diskutiert. Die hier vorgelegte Übersetzung des englischen Originaltextes „A Personalistic Approach to Language and Communication" wurde von Birgitta Fuchs vorgenommen.

2 Siehe Jean-Jacques Rousseau: *Musik und Sprache – Ausgewählte Schriften*, hrsg. von Richard Schaal, Wilhelmshaven 1984, 2. Aufl. 2002, S. 99 – 168.

3 Siehe dazu vor allem Pestalozzis anthropologische Hauptschrift: *Meine Nachforschungen über den Gang der Natur in der Entwicklung des Menschengeschlechts*, hrsg. von Dieter-Jürgen Löwisch, Darmstadt 2002.

Winfried Böhm

Der Friede als das letzte Ziel der Erziehung

Wenn man vom Frieden als dem letzten Ziel der Erziehung sprechen will[1], dann erinnert man sich unausweichlich jener ergreifenden Worte der katholischen Totenmesse: *Requiesca(n)t in pace.* Man wird sich dann jäh bewußt, dass im Horizont unserer christlich-abendländischen Kultur der wirkliche Friede nicht in dieser, sondern in einer anderen Welt gesucht werden muß. Erst wenn die mühevolle Pilgerreise durch das irdische Jammertal vollendet und die Reinigung der Seele im Purgatorium vollzogen ist, wird sich jener dauerhafte Friede einstellen, der allein im Einssein mit Gott besteht. Gemeint ist jener Friede, von dem Augustinus gesagt hat, unser Herz sei unruhig, bis es in Gott seine Ruhe findet.[2]

Dieser Anfang unserer Überlegungen mag vielleicht überraschen; es mag sein, dass dieser Gedanke weit von unserem Thema entfernt und deshalb abwegig zu sein scheint. Aber wir müssen zwei Dinge bedenken: Erstens hat uns Benedetto Croce auf überzeugende Weise gelehrt, dass wir Europäer gar nicht anders als christlich denken können – sei es gleich nur *per negationem,* also ablehnend –, so dass es niemals irrig sein kann, seine Überlegungen bei einem christlichen Gedanken zu beginnen. Und zweitens zeigt uns ein Blick in die Geschichte der Friedensidee, dass diese ganz und gar in der jüdisch-christlichen Tradition wurzelt.

I. Die jüdisch-christlichen Wurzeln der Friedensidee

Das hebräische Wort *Shalom* bedeutet weit mehr als nur negativ die bloße Abwesenheit von Krieg; es bezeichnet die Intaktheit der Gemeinschaft als Bund vor Gott und mit Gott. Gott wird als der Stifter und als der Garant des Friedens angesehen. Er schenkt den Frieden, indem er das Böse vernichtet, und er bewahrt den Frieden, indem er Chaos und Unordnung verhindert.
Im Neuen Testament wird der Friede an die Erlösungstat Christi geknüpft. Durch sein Opfer hat er die vorausgehende Feindschaft mit Gott überwunden: „Er ist unser Friede“ (Epheser 2, 14). Der erlöste Mensch lebt in der Gnade, d.h. im Frieden mit Gott. Diese Versöhnung gilt aber nicht nur zwischen Mensch und Gott, sondern sie erstreckt sich auch auf das Verhältnis des Menschen zu seinen Mitmenschen. Die christliche Botschaft verkündet einen Frieden, der weit über das Maß geschuldeter Gerechtigkeit hinausgeht und die Liebe zum dynamischen

Prinzip der Gemeinschaft macht. Das Gebot „Liebet eure Feinde“ und das Wort vom Hinhalten der anderen Wange (Mattäus 5, 39–40) zielen auf Entfeindung. Der Friede, von dem hier die Rede ist, ist allerdings nicht ein politischer Friede; er ist zwar *für* diese Welt, aber er ist überhaupt nicht *von* dieser Welt. Es wäre theologisch völlig verfehlt, den Frieden Jesu mit dem politischen Frieden gleichzusetzen oder gar zu verwechseln, auch wenn in der Bibel zu wiederholten Malen jene, die sich um Frieden bemühen, ausdrücklich als „Söhne Gottes“ bezeichnet werden. Wie leicht man sich hier in vage Spekulationen und in verfehlte Interpretationen verirren kann, das zeigt die lange Geschichte der Versuche, die Bergpredigt in unmittelbare politische Praxis umsetzen zu wollen. Um ein zeitgenössisches Beispiel zu erwähnen: das christliche Gebot der Feindesliebe läßt sich nicht ohne weiteres auf die Situation des Terrorismus übertragen; hier reicht die theologische Botschaft nicht aus, sondern hier muß das politische Handeln Kompromisse mit der historisch-gesellschaftlichen Situation eingehen.[3]

Zusammenfassend läßt sich über diese jüdisch-christlichen Wurzeln der Friedensidee sagen: Friede ist nicht das Werk der Menschen, sondern er ist ein Geschenk Gottes; im Neuen Testament wird er vermittelt durch den Erlöser.

In der römischen Philosophie der Stoa taucht dieser ursprünglich jüdisch-christliche Gedanke in einer anderen Färbung auf. Nicht der personale Gott des Judentums und des Christentums ist hier der Geber des Friedens, sondern der Friede besteht im Leben in Einklang mit der Natur. Genauer gesprochen: Friede besteht in der Harmonie mit der Ordnung der Natur.

II. Die politischen und sozialen Wurzeln der Friedensidee

Die geschichtliche Erfahrung der Menschheit stimmt freilich mit dieser Idee des Friedens nicht überein. In der gesamten historisch überschaubaren Zeit war der Friede in keiner Gesellschaft als unversehrtes Göttergeschenk zugegen oder auf Dauer „naturhaft“ gegeben. Er wurde und wird vielmehr allerorten und allezeit kraft politischer Zusammenschlüsse und herrschaftlicher Organisation der Gesellschaft geschaffen und erhalten. Durch dieses politische Handeln entstehen homogene Friedens*räume* und homogene Friedens*zeiten*. Diese Friedensräume werden traditionell durch Grenzen gesichert – das drückt das Wort „eingrenzen“ aus –, und die Friedenszeiten werden durch Verträge, Vereinbarungen und eine übergreifende *Pax* gewährleistet. Beides wird in aller Regel durch religiöse Symbole und symbolische Handlungen besiegelt. Ein bekanntes Beispiel dafür war in der Antike die Schließung und Öffnung der Bellona- und Ares-Tempel.

Zur geschichtlichen Erfahrung der Menschheit gehört auch die Erkenntnis, dass der Friede nicht als ein Ganzes zu sichern ist, sondern dass sich sehr häufig eine dialektische Spannung zwischen dem Frieden im kleinen und dem Frieden im

großen ergibt. Der Friede im Hause muß nicht mit dem Frieden im Lande einhergehen. Der Friede im Staate ist nicht dasselbe wie der Friede zwischen den Staaten.
Es ist daher verständlich, dass Arnold Toynbee in seiner voluminösen „*Study of History*" in dem fortwährenden Aufstieg und Niedergang der Zivilisationen ein konstantes Bemühen um die Errichtung von „*universal states*" feststellt, die in Zeiten von Krisen, Chaos und Auflösung immer wieder Einheit und Ordnung herstellen und lange Friedenszeiten schaffen sollen. Am bekanntesten ist wohl Dante`s Vision einer christlichen Pax Romana, die das an der Schwelle zur Neuzeit herrschende Chaos der einzelnen Nationalstaaten überwinden und eine christliche Weltmonarchie errichten wollte. Aber auch der große europäische Pädagoge Johann Amos Comenius hat in seinem „*Angelus Pacis*" den Entwurf eines weltweiten Friedensreiches vorgetragen.[4] In unserer eigenen Gegenwart hat vor allem Bertrand Russell die Notwendigkeit einer Weltregierung betont, um einen dauerhaften Frieden zu sichern.
Ein anderes Modell der Friedenssicherung hat die gleiche historische Dignität. Ich meine die Idee einer kosmopolitischen Gesetzgebung und einer internationalen Konföderation. Jean-Jacques Rousseau und Immanuel Kant sind die herausragenden Vertreter dieser Idee. Kant hat in seiner 200 Jahre alten Schrift „*Zum ewigen Frieden*" die Erfahrung der Menschheit aufgenommen, dass der Friede kein Gottesgeschenk und auch kein Naturzustand ist, und er hat die Schaffung eines dauerhaften, am besten *ewigen* Friedens an drei Bedingungen geknüpft: dass 1. die Verfassungen aller Staaten republikanisch werden, dass 2. das Völkerrecht auf einen Föderalismus freier Staaten aufgebaut wird, und dass 3. das Weltbürgerrecht auf eine allgemeine Gastfreundschaft eingegrenzt wird.
Ein drittes Modell der Friedenssicherung legt den Schwerpunkt nicht so sehr auf das politische, sondern viel mehr auf das soziale Handeln und will den Frieden durch Herstellung distributiver Gerechtigkeit herbeiführen. Am bekanntesten ist wohl Jeremy Bentham`s „*Plan for a universal and perpetual peace*" von 1789 geworden. Im Anschluß an seine utilitaristische Ethik entwickelt Bentham den Gedanken eines Friedens aufgrund der Herstellung des größten Glücks möglichst aller Weltbürger, und zwar durch eine Verschmelzung der kapitalistischen Wirtschaftsordnung mit der Idee distributiver Gerechtigkeit. Ein halbes Jahrhundert später erwartete der Sozialist Pierre Joseph Proudhon die Lösung des Friedensproblems von einer gerechten Verteilung aller Güter und Gewinne, und er wurde dafür von Karl Marx als ein Utopist gescholten. In unserer Gegenwart hat John Rawls in kritischer Anknüpfung an die Thesen Benthams und Proudhons diese Position erneut vertreten.[5]
Bei Erasmus von Rotterdam, dem Autor der ersten pazifistischen Flugschrift, kommt 1517 ein neuer Gedanke zum Vorschein. In seiner „*Quaerela pacis*" be-

schreibt er die ärgerliche Tatsache, dass viele Kriege im Namen der Religion geführt werden und sogar Christen gegen Christen die Waffen erheben. Im Anschluß daran vertritt er die These, Zwist und Krieg könnten nur dort wirksam bekämpft und besiegt werden, wo sie ihren eigentlichen Ursprung haben: *im Herzen der Menschen.* Nur wenn dort statt Habsucht, Neid und Egoismus der Geist der Versöhnung, Demut und Liebe herrschten, bestünde Hoffnung auf einen dauerhaften Frieden. Gegen Ende des vergangenen Jahrhunderts hat der russische Dichter und Philosoph Leo Tolstoj ein friedliches Zusammenleben der Menschen nur dann für möglich gehalten, wenn an die Stelle des teuflischen Hasses und der Gewalt das in jedem Menschen angelegte *„Königreich Gottes in uns"* (das war der Titel seines berühmten Essays von 1893) Wirklichkeit wird. Dazu hielt er eine konsequente Erziehung zur Gewaltfreiheit und zur gegenseitigen Empathie für notwendig.

III. Die anthropologischen Wurzeln der Friedensidee

Unser bisheriger Gedankengang hat uns von den Berggipfeln eines Friedens Gottes und der Natur in die Täler der politischen und sozialen Wirklichkeit geführt. Unser nächster Schritt führt uns aus dieser *äußeren* Wirklichkeit tief in die *innere* Wirklichkeit des Menschen hinein.

Ein im 20. Jahrhundert entstandenes Modell der Friedenssicherung sieht den Ursprung des Krieges in dem Aggressionstrieb des Menschen. Wenn ein friedliches Zusammenleben der Menschen gelingen soll, dann ist es notwendig, die Aggressionen der Menschen zu sublimieren und auf andere Gebiete abzulenken. William James war ein überzeugter Pazifist, aber er ist beinahe darüber verzweifelt, dass die Sehnsucht nach kriegerischem Ruhm und soldatischer Ehre offenbar so tief in die Seelen der Menschen eingegraben ist, dass nicht einmal die abscheulichsten Schrecken des Krieges und auch nicht die vernünftige Einsicht in die Irrationalität des Krieges etwas bewirken können. Auch Sigmund Freud sah die große Gefahr immer wiederkehrender Eruptionen des individuellen und kollektiven Aggressionstriebs und hielt die Sublimierung dieses Triebes durch Arbeit für eine mögliche Lösung. Aufgrund der polaren Spannung zwischen dem Thanatos-Trieb auf der einen Seite und Eros auf der anderen, plädierte Freud für eine Stärkung und Befreiung der Libido. Diesen Gedanken haben seine Epigonen – von Wilhelm Reich über Herbert Marcuse bis zu den französischen Marx-Freudianern – einseitig hervorgehoben und als pädagogisches Programm verkündet.

Wir bewegen uns mit diesen Gedanken in einem Horizont, den in der Antike schon Platon gezeichnet hatte. In seinem Buch über den „Staat" zieht er eine deutliche Parallele zwischen der staatlichen Organisation im großen und der Struktur der individuellen Seele im kleinen. So wie im Staat nur dann äußerer

Friede und wirkliche Gerechtigkeit entstehen, wenn alle Teile in Harmonie miteinander arbeiten, so herrscht im Menschen nur dann innerer Friede, wenn der Mensch selbst mit sich in Einklang lebt. Die Herstellung dieser inneren Harmonie ist auch Aufgabe einer entsprechenden Erziehung.[6] Deshalb ist Platons Buch über den Staat – wie Jean-Jacques Rousseau richtig erkannt hat – eines der großartigsten Bücher, die je über Erziehung geschrieben worden sind.
Wir haben bis hierher wie in einem Panoptikum verschiedene Thesen nebeneinander gestellt, um die Kompliziertheit unseres Problems vor Augen zu führen. Unser Gedankenweg hat uns am Ende zur Notwendigkeit einer *Erziehung zum Frieden* geführt.[7] Ich werde jetzt nicht im einzelnen über die verschiedenen Programme einer Erziehung zum Frieden sprechen. Diese Programme sind zahlreich und bunt – und sie sind vor allem sehr umstritten und keineswegs allgemein anerkannt. Im Gegenteil: Wenn man die weitverbreitete pädagogische Kritik an der Friedenserziehung überblickt, dann lassen sich vor allem drei gewichtige Einwände feststellen: 1. Die meisten Konzeptionen einer Erziehung zum Frieden erwecken wegen ihrer normativen und didaktisch-methodischen Struktur den Verdacht auf Manipulation und Indoktrination. 2. Die meisten Konzeptionen einer Erziehung zum Frieden stehen wegen ihrer überwiegenden Konzentration auf individuelle Friedfertigkeit in dem Verdacht der politischen Vergeblichkeit. 3. Die meisten Konzeptionen einer Erziehung zum Frieden reduzieren die Kriegsursachen auf individuelles Verhalten und vernachlässigen dabei die soziale und politische Wirklichkeit.

IV. Erziehung zum Frieden bei Maria Montessori?

Es wird an dieser Stelle des Vortrags höchste Zeit, dass wir uns Maria Montessori zuwenden und ihre Stellung zu unserem Problem betrachten.[8]
Dabei fällt uns sofort auf, dass auch Maria Montessori den traditionellen Versuchen einer Erziehung zum Frieden gegenüber sehr skeptisch eingestellt war. In ihrer am 22. Mai 1937 in Kopenhagen gehaltenen Rede mit dem Titel *„Educate per la Pace"* heißt es: „Es steht außer Zweifel, dass eine Erziehung, die den Frieden begründen will, nicht allein darin bestehen kann, Mittel zu ersinnen, mit denen das Kind von den Verführungen des Krieges abgehalten wird. Es reicht nicht aus, zu verhindern, dass die Spielsachen der Kinder an Waffen erinnern, dass ihm die Geschichte der Menschheit als eine Abfolge kriegerischer Unterdrückungen erzählt wird und dass der Sieg auf den Schlachtfeldern als die höchste Ehre verherrlicht wird. Genauso wenig wäre es genug, dem Kinde die Liebe zu allen Lebewesen und den Respekt vor allem dem einpflanzen zu wollen, was die menschliche Zivilisation im Laufe der Jahrhunderte hervorgebracht hat."[9] Und wenig später fügt Maria Montessori hinzu: „Es ist für jedermann klar, dass Kriege nicht durch

eine derartige Erziehung verhindert werden können. Aber anders herum: Was sollen wir von einer Erziehung denken und was können wir noch von einer Erziehung erwarten, die das Leben und die Freiheit des Menschen für heilig erklärt? Und was sollen wir über den Einfluß der Religionen sagen, die seit Tausenden von Jahren die Liebe unter den Menschen lehren wollen?"[10]

Genauso deutlich, wie sich Maria Montessori hier von allen traditionellen Versuchen einer Erziehung zum Frieden distanziert, erklärt sie, dass auch sozio-politische Gründe nicht ausreichen, die Ursachen des Krieges zu erklären. Deshalb kann die Politik höchstens Konflikte vermeiden, niemals aber dauerhaften Frieden herstellen. In ihrem berühmten Genfer Vortrag von 1932 über *„La Pace"* erklärt sie mit pathetischer Entschiedenheit: „Gesetze und Verträge genügen nicht. Wir brauchen eine neue Welt voller Wunder."[11]

Worin erblickt Maria Montessori den Kern des Problems? Wo sucht sie die neue Welt voller Wunder? Wenn man ihre Äußerungen nur oberflächlich liest, dann könnte man die Dottoressa für naiv und weltfremd halten. Da schreibt sie – scheinbar alle soziale, ökonomische und politische Realität mißachtend –, der Krieg sei nichts anderes als eine ***kollektive Krankheit,*** welche die Menschheit genauso befällt wie eine individuelle Krankheit den einzelnen. Der Krieg – eine Krankheit? Der Friede erscheint ihr dagegen als der gesunde Zustand der Menschheit, genauer: als die Summe der Gesundheiten der einzelnen Individuen.[12] Jeder ungesunde einzelne ist wie ein Virus, der den sozialen Organismus infiziert. Sind das nicht Einseitigkeiten, gar Blindheiten einer Ärztin, welcher der Blick für die sozial-ökonomisch-politisch-ideologischen Realitäten völlig fehlt?

Worin sieht sie die Ursache für den Krieg? Medizinisch gesprochen: Wo sucht sie den Krankheitserreger? Diese Ursache sieht sie – abermals scheinbar alle soziale, ökonomische und politische Realität mißachtend – im Kampf des Erwachsenen gegen das Kind. Dort wird aller Zwist, Streit und Krieg geboren. Der Erwachsene, der das Kind nicht richtig versteht, will es von außen erziehen und formen, statt dass er es sich gemäß seinem *inneren Bauplan* und kraft seiner inneren Antriebskraft, der *Hormè,* normal und gesund entfalten läßt. Dadurch wird das Kind unnormal, deviant, krank, streitsüchtig, kriegerisch, *„bellogeno"*[13]. Ist das nicht eine hanebüchene Medizinalisierung und Psychologisierung von Politik und Pädagogik, die an dem Wesen der sozio-politischen Wirklichkeit schlichtweg vorbeigeht?

Worin erblickt Maria Montessori die Lösung des Problems? Die Ärztin redet wieder eine medizinische Sprache und indiziert – abermals scheinbar alle soziale, ökonomische und politische Realität mißachtend – als Therapie: *eine neue Erziehung.*[14] Diese „neue Erziehung" besteht in der Achtung vor dem immanenten Bauplan und der hormischen Kraft des Kindes und in der Bereitstellung aller notwendigen Mittel, die das Kind zu seiner normalen Entwicklung bedarf. Ist das

nicht ein haarsträubender Pädagogismus und eine maßlose Überschätzung der Macht der Erziehung?
Wenn man Maria Montessori nur oberflächlich liest und ihre Schriften nur wenig kennt, wird man leicht geneigt sein, diese Fragen mit einem deutlichen Ja zu beantworten. Und man wird dann auch rasch bereit sein, Montessori als eine pure Utopistin zu bezeichnen, über deren Vergottung des Kindes man die Nase rümpfen oder einfach nur lächeln kann.[15]
Man wird – so lautet die hier vertretene These – Maria Montessori nur gerecht, wenn man ihre Gedanken zum Frieden ebenso wie alle ihre anderen pädagogischen Ideen auf jenen jüdisch-christlichen Ursprung und auf jenen stoischen Horizont zurückführt, mit dem wir diesen Vortrag begonnen haben. Es wird dann klar, warum die „Dottoressa" alle ihre Gedanken zum Frieden in engem Zusammenhang mit ihrer Konzeption einer kosmischen Erziehung erörtert und vorgetragen hat. Der Grund liegt darin, dass Maria Montessoris gesamtes Denken a-priori von einer sehr gewichtigen theologisch-metaphysischen Voraussetzung ausgeht, und zwar einer von einem himmlischen Geometer gestifteten *kosmischen Ordnung*. In dieser kosmischen Ordnung hat nicht nur jedes Ding und jedes Lebewesen seinen ihm von Gott zugeteilten Platz, sondern in dieser dynamisch-evolutionären Ordnung hat jedes Ding und vor allem jedes Lebewesen seine ganz bestimmte kosmische Aufgabe zu erfüllen. So wie den Sternen ihre Bahn am Firmament vorgezeichnet ist, so ist auch jedem menschlichen Individuum seine ganz bestimmte Lebensbahn vorgezeichnet. Die Dinge, die Pflanzen und die Tiere erfüllen ihre kosmische Aufgabe mit Notwendigkeit; deshalb gibt es keinen Krieg der Dinge, keinen Krieg der Pflanzen, keinen Krieg der Tiere und erst recht keinen Krieg der Sterne. Der Mensch kann seine kosmische Aufgabe verfehlen, aus dieser Ordnung herausfallen, und die Folgen sind dann Streit und Krieg. Welchen Weg der einzelne Mensch geht, den der Ordnung und Liebe oder den des Krieges und Hasses, ist für Montessori jedoch nicht das Ergebnis einer freien Wahl und einer sittlichen Entscheidung, sondern die Resultate seiner Entwicklung – seiner gesunden und normalen oder eben seiner kranken und devianten.
Hier liegt der tiefe Grund dafür, dass Maria Montessori nicht um die Vernunft und um den freien Willen des Kindes besorgt ist, sondern um seine normale Entwicklung. Hier ist auch der Grund dafür zu sehen, dass ihre Erziehung nicht in erster Linie auf kritisches Denken und nicht auf den interpersonalen Dialog der Menschen zielt, sondern auf die Normalisation des einzelnen Kindes, d.h. auf seine Einbettung bzw. Wiedereinbettung in die von Gott, dem himmlischen Geometer und Evolutionsdesigner, geschaffene kosmische Ordnung. Ohne diesen metaphysischen Glauben hinge die ganze Montessori-Pädagogik in der Luft.
Was können wir also als Fazit dieses kleinen Vortrags festhalten? Für Maria

Montessori ist der Friede nicht nur das *letzte* Ziel der Erziehung, sondern gleichzeitig ihr *erster* Anfang, und diese Erziehung findet ihr (erstes und letztes) Prinzip in der kosmischen Ordnung, in die jedes Kind von Anfang an gestellt ist und in der es seine ihm genau vorbestimmte (und daher gar nicht von ihm frei zu wählende) Aufgabe zu erfüllen hat. Es erhebt sich damit aber sogleich die Frage, ob wir dann wirklich noch länger davon sprechen dürfen, dass im Mittelpunkt von Montessoris Denken *das Kind* steht und ihre Pädagogik tatsächlich *vom Kinde aus*geht. Unsere Überlegungen haben gerade umgekehrt gezeigt, dass im Mittelpunkt von Maria Montessoris Denken die kosmische Ordnung und eben nicht das Kind steht. Zumindest im Hinblick auf das Problem des Friedens verhält es sich bei ihr ganz offensichtlich so.

Es wäre von daher für die Montessori-Forschung eine interessante Aufgabe zu untersuchen, ob das nicht für ihre gesamte Pädagogik gilt. Dann allerdings würde sich unser bisheriges Verständnis der Montessori-Pädagogik radikal verändern, und auch die Montessori-Praxis hätte daraus schleunigst ihre Folgen zu ziehen.

Anmerkungen

[1] Dieser Vortrag wurde zuerst in italienischer Sprache bei dem Internationalen Kongreß „Fare scienza ... Per construire una scienza della pace." am 24. Oktober 1998 im Teatro Morlacchi in Perugia gehalten; später wurde der Text in spanischer Sprache am 8. Februar 2000 im Rahmen einer Vorlesungsreihe der Fundación Pro-Educación Montessori in Santo Domingo (Dominikanische Republik) vorgetragen.

[2] Vgl. dazu Aurelius Augustinus: *Bekenntnisse*, übers. von Joseph Bernhart, Frankfurt am Main 1987.

[3] Vgl. dazu und zum folgenden ausführlich Walter Eykmann: *Friedensverkündigung und Friedenserziehung. Ein Versuch ihrer wechselseitigen Zuordnung,* Würzburg 1991.

[4] Vgl. dazu Johann Amos Comenius: *Angelus Pacis – Friedensengel,* hrsg. von Walter Eykmann, Würzburg 1993.

[5] Siehe dazu John Rawls: *Gerechtigkeit,* deutsche Neuausgabe Frankfurt am Main 2003.

[6] Vgl. dazu Wolfgang Kersting: *Platons „Staat"*, Darmstadt 1999.

[7] Siehe zu diesem Problem die wegweisende Schrift von Marian Heitger: *Die Idee des Friedens als regulatives Prinzip einer jeden zukünftigen Erziehung,* Köln 1983.

[8] Vgl. zum folgenden ausführlicher Winfried Böhm: *Maria Montessori,* in: *Quinze Pédagogues. Leur influence aujourd`hui,* ed. Jean Houssaye, Paris 1994, S. 149–166.

[9] Maria Montessori: *Educazione e pace*, Milano 1949, S. 38.

[10] Ebda. S. 38.

[11] Ebda. S. 24.

[12] Siehe dazu Giuseppe Flores d`Arcais: *Friedensmodelle und Friedenserziehung. Der Beitrag Maria Montessoris,* in: *Montessori-Pädagogik und die Erziehungsprobleme der Gegenwart,* hrsg. von Birgitta Fuchs und Waltraud Harth-Peter, Würzburg 1989, S. 106–111.

[13] Wörtlich übersetzt: „kriegsgebärend".

[14] Vgl. dazu das demnächst im Klinkhardt Verlag erscheinende neue Buch von Maria Montessori: *Die Erziehung des neuen Menschen,* übersetzt und herausgegeben von Winfried Böhm.

[15] Zu Montessoris Bild vom Kinde lese man den brillanten Aufsatz von Susanne Heine: *Montessori und die Vergottung des Kindes,* in: *„Kinder sind anders." Maria Montessoris Bild vom Kinde auf dem Prüfstand,* hrsg. von Waltraud Harth-Peter, Würzburg 1997, S. 227–242.

Winfried Böhm

Gnade und Erziehung

Ein Problemaufriß im Anschluß an Augustinus, Montessori und Rousseau

Dass es sich bei dem Begriff der *Gnade* um einen theologischen Begriff handelt, steht außer jedem Zweifel. Dass wir diesen Begriff deshalb *theologisch* zu erklären haben, liegt auf der Hand. Eine Interpretation[1] aus dem Horizont der *christlichen Theologie* ergibt sich zum einen aus der Konfession der für dieses Thema interessantesten Vertreter der Pädagogik, deren unterschiedliches Verständnis des Begriffs Gnade ich hier darstellen möchte, ebenso wie aus meiner eigenen Vertrautheit mit der christlichen Theologie.

Man darf sich freilich nicht im geringsten darüber wundern, dass wir es hier im Hinblick auf die Erziehung mit einem *theologischen Begriff* zu tun haben; denn der weitaus größte Teil der abendländischen Erziehungsphilosophie und -theorie beruht mehr oder weniger unmittelbar auf theologischen Vorstellungen und Konzepten[2]. Das gilt für Platon ebenso wie für Seneca, für Thomas von Aquin ebenso wie für die Renaissance-Humanisten, für Comenius ebenso wie für Francis Bacon, für John Locke ebenso wie für Ralph Waldo Emerson, für Pestalozzi ebenso wie für Fröbel, für Jacques Maritain ebenso wie für Paulo Freire; es gilt selbstverständlich auch für Aurelius Augustinus und Maria Montessori, und es gilt erst recht für Jean-Jacques Rousseau.[3]

Wenn wir hier zunächst Aurelius Augustinus und Maria Montessori miteinander konfrontieren, dann steht dabei *nicht ein historisches Interesse* im Vordergrund. Beide haben zeitlich rund 1600 Jahre voneinander getrennt gelebt. Augustinus hat Montessori mit Sicherheit nicht gekannt, umgekehrt läßt sich auch eine tiefere Beschäftigung Montessoris mit Augustinus kaum vermuten.

Wir werden bei der Konfrontation von Augustinus, Montessori und Rousseau *drei verschiedene Modelle* kennenlernen, wie das Verhältnis von *Gnade und Erziehung* gedacht werden kann. Mit anderen Worten: Im Anschluß an Augustinus, Rousseau und Montessori begegnen uns drei ganz und gar unterschiedliche Begriffe von Gnade, und von dem je anderen Verständnis von Gnade hängt es entscheidend ab, wie – im Umkreis des Verhältnisses von Gnade und Erziehung – *Erziehung* jedesmal ganz und gar anders *gedacht* und (dementsprechend dann auch ganz und gar anders) *praktiziert* wird.

Ich spreche davon, dass wir Erziehung unterschiedlich *denken*. Damit bezeichne ich genau die Unterscheidung zwischen *pädagogischer Theorie* und *erzieherischer*

Praxis. Die konkrete Erziehung ist ein praktisches Handeln, die pädagogische Theorie dagegen ist ein Denken (und Reden) über dieses Handeln – ein kritisches *Re*flektieren und/oder ein kreatives *Pro*jektieren[4]. Wenn wir also in unseren folgenden Überlegungen über den Zusammenhang von Gnade und Erziehung nachdenken, dann treiben wir pädagogische Theorie. Diese pädagogische Theorie ist aber nicht weltfremd und von jeder konkreten Erziehung abgehoben, sondern sie geht allem erzieherischen Handeln voraus; das Denken muß ihm sogar stets vorausgehen, wenn dieses erzieherische Handeln gedankenvoll und nicht gedankenlos, wohlorientiert und nicht wirr-chaotisch, von einer Idee geleitet und nicht willkürlich-zufällig geschehen soll – mit anderen Worten: wenn es ein besonnenes Gehen auf ein klares Ziel hin und nicht ein stolperndes Herumirren im undurchsichtigen Nebel sein soll[5].
Die These, die diesen Ausführungen zugrunde liegt und sie trägt, lautet also: Unser Verständnis von Erziehung hängt ganz entscheidend davon ab, wie wir Gnade verstehen. So kann ich einleitend die kühne Behauptung wagen: *Sage mir, wie du Gnade denkst, und ich sage dir, was für ein Erzieher du bist!*

I. Zum Begriff der Gnade

Wir beginnen unsere Überlegungen mit einem sehr weit gefaßten Begriff von Gnade. Ob wir diesen Begriff im Alten Testament oder im Neuen Testament, bei Christus selbst und in seinen Parabeln oder bei Paulus, dem „Sänger der Gnade" (in seinen Schriften kommt „Gnade" – griechisch: *charis* – 100 mal, im ganzen übrigen Neuen Testament nur 55 mal vor!), oder ob wir ihn in der gesamten späteren christlichen Theologie und Philosophie aufsuchen, – immer meint Gnade ein dem Menschen *von Gott gegebenes Geschenk*, eine ihm erwiesene *übernatürliche Huld*. Gnade ist also etwas, das zu der menschlichen Natur hinzukommt, und zwar von einer übernatürlichen Macht: Gott. Gnade ist *ein freies Geschenk – ungeschuldet, unverdient* und vom Menschen durch eigene Leistungen *nicht erworben und nicht erkauft*. Sehr schön hat das Paulus formuliert in 1 Kor. 4,7: „Was hast Du (Mensch), das Du nicht empfangen hättest? Und hast Du es empfangen, was rühmst Du Dich wie einer, der nicht empfangen hat."
Über diesen *Grundcharakter der Gnade* stimmen alle christlichen Theologen und Philosophen überein. Dennoch lassen sich in den jahrhundertelangen Gärungsprozessen der abendländischen Theologie und in dem permanenten Streit und Widerstreit der Häresien und Orthodoxien viele *unterschiedliche Auffassungen* über Wesen und Wirken der Gnade identifizieren. Aus der Vielzahl und Fülle dieser Auffassungen sind *drei Konzepte* für unser Thema besonders wichtig: eine *statische*, eine *mechanische* und eine *personalistische Auffassung von Gnade*. Diese drei unterschiedlichen Konzepte werden wir uns nacheinander vergegenwärtigen

und auf ihre Konsequenzen für unser Denken über Erziehung und damit auch für unser erzieherisches Handeln prüfen und befragen.
Am Ende dieser Überlegungen werden wir kurz die Frage erörtern, welche Form der menschlichen Schönheit und Vollkommenheit ihnen entspricht, sofern wir Schönheit und Vollkommenheit verstehen als *die Antwort des mit Gnade beschenkten Menschen auf dieses unverdiente Geschenk der Gnade*[6]. Ich interpretiere diese Vollkommenheit und harmonische Wohlgeformtheit in einem weiten Sinne als *die Schönheit des Menschen, die aus der Gnade kommt.* Das ist zugegebenermaßen ein irgendwie überraschendes Verständnis von Schönheit und Vollkommenheit, aber es wird – das läßt sich schon im voraus andeuten – den Zusammenhang von Gnade und Erziehung durch ein neues Licht weiter erhellen und verständlich machen.

II. Der statische Begriff von Gnade

Das *älteste* und wohl auch *ehrwürdigste* Verständnis von Gnade reicht über 25 Jahrhunderte zurück und damit weit in die vorchristliche Zeit hinein. Es wird später von der frühchristlichen Theologie und der mittelalterlichen Scholastik aufgenommen und in das christliche Denken integriert. Ihm liegt der Gedanke zugrunde, dass *die Welt und ihre Ordnung* – die eben Kosmos und nicht Chaos ist – *nicht aus dem bloßen Zufall heraus entstanden* sein kann, sondern dass *hinter ihr*, also griechisch: *meta-physisch*, ein übernatürlicher Ordner stehen muß, der diese Welt und alle ihre Kreaturen nach einem ordnenden Prinzip hervorgebracht und geschaffen hat. Allen Seienden hat dieser Welt-Architekt, griechisch: der *demiurgos*, ihren Platz in dieser Ordnung zugewiesen und ihnen zugleich das Ziel ihres Werdens, griechisch: ihr *telos*, „eingepflanzt".
Wie wir wissen, war schon das primitive mythische Bewußtsein vor der Geburt der Philosophie von einer Ordnung der Welt überzeugt, welche *ihren Grund im Göttlichen* hat. Vermutlich als erster Philosoph führte der Vorsokratiker Anaxagoras diese Ordnung der Welt auf einen göttlichen Geist, griechisch: *nous*, zurück. Für Platon verhält sich Gott als Urheber der Welt *nicht* nur wie ein Handwerker, der aus gegebenem Material und nach schon vorhandenen Ideen etwas herstellt, sondern er bringt selbst auch die Ideen und insbesondere *die Idee der Welt und ihrer Ordnung* hervor. Auch für Aristoteles steht es außer Zweifel, dass sich die Bewegung der Welt einschließlich der Himmelssphären und die Bewegung jedes einzelnen Seienden auf ein von Gott gesetztes Ziel hin vollzieht, das dieses Seiende von Anfang an in sich trägt. Aristoteles unterscheidet bekanntlich zwischen Form und Materie. Während die Materie nur formlosen Stoff darstellt, trägt die Form als aktives Prinzip die Kraft und das Vermögen in sich, um die Materie danach zu gestalten bzw. zu „formen". Im lebenden Individuum entfaltet

sich dieses Formprinzip im Laufe seiner Entwicklung, und Aristoteles unterscheidet bereits zwischen einer normalen, d.h. der inneren Form gemäßen Entwicklung und einer davon abweichenden, also einer devianten Entwicklung.
Die Stoiker und unter ihnen vor allem Seneca gingen noch einen Schritt weiter und vertraten die These von der Inkarnation Gottes in der Natur, so dass ein Leben gemäß der Natur für sie zugleich ein Leben nach dem Plane Gottes war. Cicero hat diesen Gedanken in einem leicht verständlichen Bild ausgedrückt. So wie ein Buch nicht daraus entsteht, dass man Tausende von Buchstaben einfach auf den Tisch schüttet, sondern einen Autor braucht, der das Buch zuerst in seinem Kopfe gedacht, entworfen und geplant hat, so kann auch die Welt nicht durch Zufall entstanden sein, sondern sie verlangt nach einem höheren Wesen, welches diese Welt zuerst gedacht, entworfen und dann hervorgebracht hat. Thomas von Aquin hat in seiner *„Summa theologica"* diese Gedanken gesammelt und daraus einen Beweis für die Existenz Gottes machen wollen. Dabei hat er argumentiert mit der Ordnung im Individuum, im Organischen und im Anorganischen, aus der Ordnung in biologischen und geistigen Gemeinschaften sowie aus der Ordnung der verschiedenen Seinsstufen.
Seit dem im Jahre 1593 erschienenen Buch *„Colloquium heptaplomeres"* von Jean Bodin nennt man diesen Schluß von der Ordnung in der Welt auf einen übernatürlichen Ordner „natürliche Theologie"[7], und Immanuel Kant hat für diesen Beweis Gottes den Namen Physikotheologie geprägt. Diese Physikotheologie erlebte ihre Hochblüte im 17. Jahrhundert, als beispielsweise der berühmte Physiker und Chemiker Robert Boyle eine Stiftung gründete, aus deren Zinsgewinnen Predigten bezahlt werden sollten, die das Dasein Gottes und seine Eigenschaften „aus dem zweckmäßigen Bau und dem ordentlichen Lauf der Natur" beweisen sollten[8]. W. Derhams 1714 erschienenes Buch *„Physicotheology"* versuchte, zwei wichtige Thesen zu beweisen: (a) dass jedes lebendige Wesen um seiner selbst willen erschaffen worden ist und einen ihm von Gott gegebenen „immanenten Bauplan" für seine Vervollkommnung in sich trägt, und (b) dass alle Dinge dieser Welt in einer engen kosmischen Wechselwirkung stehen, die Gott wie ein himmlischer Geometer entworfen und konstruiert hat. Dieses kosmische Ineinandergreifen der einzelnen Teile, aus denen die Welt besteht, kann und will Derham nicht anders erklären als durch das Wirken eines göttlichen Schöpfers und Ordners. Auch Voltaire, der große Denker der französischen Aufklärung, verteidigte die These, dass unsere endliche Welt einen unendlichen Gott zu ihrem Urheber haben müsse, so wie jede Uhr einen Uhrmacher voraussetzt. Voltaire sah in diesem Glauben den eigentlichen Inhalt der allen Menschen gemeinsamen *natürlichen Religion.* Leidenschaftlich bekämpfte er die einzelnen Religionen, und sein Argument lautete dabei: Die natürliche Religion ist allen Menschen gleicherweise eigen, also kommt sie von Gott; die einzelnen Religionen und ihr Kultus aber

sind verschieden, also stammen sie nur von den Menschen. Rousseau kommentiert diese These Voltaires mit dem berühmten Satz: Hätte man immer nur auf das gehört, was Gott im Herzen des Menschen sagt, so hätte es immer nur *eine* Religion auf Erden gegeben[9].

Einen neuen Höhepunkt erlebte die Physikotheologie am Ende des 19. Jahrhunderts in der sogenannten Theosophie. Maria Carlson sieht in ihrer 1993 in Princeton erschienenen Geschichte der Theosophie die grundlegende Prämisse dieser Lehre darin, „that there exists a single, universal occult tradition (the Secret Doctrine[10]), ancient but ageless, on which all religions, past and present, are based. This ancient »wisdom-tradition«, claim Theosophists, unites religion, science, and philosophy into one grand synthesis that explains everything: God, the Universe, Man, Being, and Creation."[11]

Annie Besant, die große theosophische Pädagogin, erklärt das theosophische Paradigma auf sehr einfache (und der Gnostik verwandte) Weise: Der Mensch ist ein von Impulsen getriebener Gott, der aus einer geistigen Welt herabgestiegen ist und sich in einem materiellen Körper inkarniert hat; aus dieser materiellen Existenzform arbeitet er sich im Laufe seiner Entwicklung zu seiner geistigen Heimat zurück[12]. Diese seine Entwicklung wird von einem im Kinde geheimnisvoll verborgenen „inneren Bauplan" in strenger Gesetzmäßigkeit gesteuert: „Was für das Reich der physikalischen Gesetze gilt, gilt gleicherweise (sic!) für die Welt der Moral und des Denkens, die auch ein Reich der Gesetzmäßigkeit ist."[13] Diese Gesetzmäßigkeit bringt Annie Besant auf das engste mit dem Begriff des Karma in Verbindung. Karma und innerer Bauplan sind dabei das dem Kinde mitgegebene göttliche Geschenk, mit anderen Worten: sie sind die *göttliche Gnade*, die in jedem Kinde vorhanden ist und seine normale, d.h. gesetzmäßige Entwicklung zur Vollkommenheit lenkt und leitet. Karma und innerer Bauplan entlasten den Menschen von der Mühsal freier Entscheidungen; in Karma und Bauplan ist das ganze gegenwärtige und zukünftige Leben des Kindes fest vorgezeichnet. Wie bei Aristoteles ist das Leben gemäß dieser immanenten Form und Vorherbestimmung göttlich, gesund, normal und gut, alle Abweichungen davon sind unnormal, krankhaft, deviant und böse.[14]

Ich habe bisher noch kein einziges Wort über Maria Montessori gesagt. Und doch bin ich sicher, dass alle meine Zuhörer längst bemerkt haben, wie wir uns mit langsamen Schritten, aber ganz zielstrebig auf das Denken dieser italienischen Gelehrten[15] zubewegt haben. Ich brauche auch an dieser Stelle nicht viel über Montessori zu sagen. Es genügt, daran zu erinnern, dass der Mittelpunkt und das Herzstück der Pädagogik Maria Montessoris nicht ihre Erziehungs-Methode und auch nicht irgendeine vage pädagogische Schwärmerei ist. Sie selbst spricht unmißverständlich und immer wieder von ihrer „zentralen Idee". Welche *zentrale Idee* meint sie dabei?

Sie meint damit ein Zweifaches: *erstens* die Idee von einer gigantischen kosmischen Ordnung, die der „himmlische Geometer", als er die Welt entwarf und schuf, in diese hineingelegt hat; alle Dinge und vor allem alle Lebewesen stehen miteinander in einem unlösbaren Wechselverhältnis, und jedes Ding und jedes Lebewesen hat in dieser gigantischen kosmischen Ordnung seinen Platz und seine göttliche Aufgabe; *zweitens* die Idee von einem jedem Ding und vor allem jedem Lebewesen eigenen immanenten Bauplan, den ihm der göttliche Weltordner vorgezeichnet und eingestiftet hat, damit er/sie/es ihren bzw. seinen genau bestimmten Ort in der Welt und ihre bzw. seine ihr bzw. ihm individuell eigene kosmische Aufgabe findet.

Ich könnte nun eine sehr lange Liste von Zitaten und Belegen aus den Schriften und Vorträgen von Maria Montessori vortragen[16]. Ich will mich aber auf einige ganz wenige Beispiele beschränken. Schon in ihren ersten Vorlesungen über Pädagogische Anthropologie, die die junge Hochschulprofessorin Dr. Maria Montessori 1904 an der Universität Rom gehalten hat, steht der für unser Thema wichtige Satz: „We are *immoral*, when we disobey the laws of life", und die überraschende Begründung für diese These lautet, „for the triumphant rule of life throughout the universe is what constitutes our conception of beauty and goodness and truth – in short, of divinity."[17] In ihrem für unser Thema fundamentalen Aufsatz *„Gott und das Kind"* schreibt Maria Montessori: „Gott hat dem Kind eine eigene Natur gegeben, und er hat dadurch bestimmte Entwicklungsgesetze festgelegt, sowohl für das leibliche wie für das seelische Leben. Wer also verantwortlich ist für die normale Entwicklung, muß diesen Gesetzen folgen. Wenn man sich von ihnen entfernt, so verliert man sich aus der Leitung, welche Gott als Führung des Kindes gibt; denn es fehlt dann der Kontakt mit den Gesetzen, welche Gott festgelegt hat."[18] Und noch massiver klingt die Grundthese Montessoris in folgenden Sätzen: „Wenn man die Gesetze der Entwicklung des Kindes entdeckt, so entdeckt man den Geist und die Weisheit Gottes, der im Kind wirkt." Nachdem Maria Montessori die Erziehung als die Erfüllung der Wünsche Gottes, der sich im Kind und seinen Bedürfnissen offenbart (sic!), bezeichnet hat, schreibt sie: „Nur die Erkenntnis Gottes in seinen Gesetzen und in seinen Wünschen in den Kindern macht uns fähig, wirklich für das Kind zu leben und auf uns selbst zu verzichten."[19]

Und in dem gleichen Zusammenhang gibt sie den Rat, die Erzieher sollten, statt sich um die Erfindung neuer Erziehungsmethoden zu bekümmern, besser die wundervollen Kräfte *wissenschaftlich* beobachten und studieren, die der göttliche Schöpfer in die Seele des Kindes gelegt hat. Und, ihre eigene pädagogische Intention scharf markierend, fügt sie hinzu, nur diese (von ihr entdeckte und aufgezeigte) Natur des Kindes sei der Bewunderung des pädagogischen Publikums wert, nicht aber eine Erziehungsmethode, die immer nur, wie bei ihrer eigenen, eine Anpassung an eben diese Gesetze der kindlichen Entwicklung darstellen dürfe: „Educationists ought rather to have investigated the wonderful powers of divine creation in the child`s soul. It was the nature of the child himself that was worthy of their admiration, rather than a method which was merely an adaptation to those inner, divine „directives“ which govern the natural course of development.“[20]

Da in jedem Kinde ein solcher göttlicher Plan wirksam ist und da alle diese Pläne in einer großen kosmischen Ordnung stehen, erscheinen für Maria Montessori die einzelnen Lebewesen „wie Agenten der Schöpfung, welche zur Aufgabe haben, bestimmte Arbeiten durchzuführen, so wie die Dienstboten in einem Hause oder die Angestellten in einem Unternehmen. Die Harmonie auf der Erdoberfläche beruht auf der Anstrengung der Lebewesen, die alle ihre eigene Aufgabe erfüllen.“ In ihrer Schrift *„The Unconscious in History“* zeichnet Maria Montessori den kosmischen Plan einer prästabilierten Harmonie der Welt, und sie kommt am Ende zu dem lapidaren Schluß: *„Alle Probleme der Erziehung müssen aufgrund der Gesetze der kosmischen Ordnung gelöst werden.“*[21]

Kann man die Position der Physikotheologie noch klarer und noch entschiedener vertreten, als es Maria Montessori hier tut?

Ich fasse also mein erstes Kapitel zusammen: Montessoris Denken beginnt nicht bei Null, sondern es steht – bewußt oder unbewußt, wer weiß? – in einer Jahrhunderte langen Tradition religiösen Denkens – „ancient but ageless“, alt aber zeitlos. In dieser ehrwürdigen Tradition herrscht ein ganz bestimmtes Verständnis von Gnade: Gnade ist das übernatürliche Geschenk Gottes, das dieser Gott in Form einer *kosmischen Ordnung* und in Form *individueller Baupläne* der Welt und jedem einzelnen Lebewesen zuteilt. – An dieser Stelle unserer Überlegungen wird klar, warum ich dieses Verständnis von Gnade *statisch* genannt habe. Natürlich sind die Baupläne und Entwicklungsgesetze selbst dynamisch, aber das Geschenk der Gnade ist ein statisches, sofern jeder individuelle Plan von Anfang an feststeht und weder von außen – also beispielweise durch die Umwelt oder durch die Erziehung – noch vom einzelnen Individuum – also durch seine freien Wahlen und Entscheidungen – verändert werden kann und auch nicht verändert werden darf. Gegenüber dieser vorherbestimmten, eben *prästabilierten* Ordnung gibt es keine Freiheit, sondern nur eines: Gehorsam. Denn: „We are immoral, when we disobey the laws of life.“[22]

Ich denke, dass Sie sich inzwischen selbst ein Bild davon machen können, wie denn eine *Erziehung* aussehen wird – also: wie man wohl *Erziehung (zuerst) denken und (dann) praktizieren* wird –, wenn man von einem solchen statischen Begriff von Gnade ausgeht.

Aber ehe ich dazu in der gebotenen Kürze etwas sagen werde, möchte ich aufzeigen, dass dieses statische Verständnis von Gnade nicht das einzig mögliche ist, sondern dass es neben ihm mindestens noch *zwei andere Begriffe von Gnade* gibt, die dann zu ganz anderen Konsequenzen für die Erziehung führen. Beide anderen Begriffe von Gnade finden wir (implizit) bei Augustinus, einem der Stammväter christlicher Theologie, oder präziser: (explizit) bei zwei seiner christlich denkenden Nachfolger.

III. Der mechanische Begriff von Gnade

Während die Physikotheologen von einer geordneten Welt und einer göttlichen Ordnung im Menschen ausgehen, kann man auch einen völlig anderen Ausgangspunkt wählen, nämlich den durch die Sünde Adams *verdorbenen Zustand der Welt und des Menschen*. Die Ausgangsüberzeugung lautet dann: Gott hatte die Welt und den Menschen am Anfang gut und vollkommen erschaffen, aber durch die *Ursünde* der ersten Menschen im Paradies wurde diese Ordnung zerstört und die menschliche Natur verdorben. Mensch und Welt sind so aus dem ursprünglichen Zustand der Gnade herausgerissen worden. Seitdem ist die Welt ein verwirrendes Labyrinth und der Mensch eine gefallene Kreatur, zum Verderben verurteilt. Da diese verderbliche Krankheit auch die Vernunft und den freien Willen des Menschen befallen hat, kann er sich nicht selber aus diesem elenden Zustand befreien, sondern er bedarf dazu der göttlichen Gnade. Nur diese *von außen auf den Menschen einwirkende* Gnade kann ihn aus dem Unheil retten und wieder in den Zustand der Gnade, also in das Heil, zurückführen.
Im Jahre 1640 schrieb der holländische Theologe Cornelius Jansenius sein berühmtes Buch über Augustinus, in dem er diesen Kirchenvater ganz für seine negative Anthropologie in Anspruch nahm. Unter Anknüpfung an die Reformatoren Luther, Calvin und Zwingli vertrat Jansenius die radikale These von der bis in den Grund verdorbenen Natur des Menschen. Die Ursünde Adams werde, so behauptete Jansenius, von Generation zu Generation weiter vererbt, und zwar durch die im sexuellen Zeugungsakt wirksame Begierlichkeit – deshalb auch „Erbsünde“ genannt. Diese Sündhaftigkeit mache den Menschen *im Erkennen der Wahrheit blind* und *für das sittliche Wollen tot*. Also könne, so lautet die These des Jansenius weiter, nur das massive und direkte Eingreifen Gottes etwas Gutes bewirken und den Menschen retten und erlösen. Dabei hat der Theologe Jansenius eine völlig *mechanische Vorstellung von dieser Gnade*.
Er verwendet das Bild von einem Pferd, das von einem Reiter geritten wird. So sieht er einen Menschen vor sich, den entweder der Teufel oder Gott reitet. Nur wenn Gott die Zügel fest in die Hand nimmt und den Menschen mit eiserner Hand führt und lenkt, kann er sich zu etwas Gutem entwickeln. Der Mensch erscheint Jansenius quasi wie eine Marionette, an deren Fäden zwei Spieler ziehen: Gott und der Teufel. Gnade wird von diesem Bild her verstanden als der

punktuell und konkret wirkende *direkte Eingriff* von Gottes Hand in den Ablauf des menschlichen Lebens.

Aus diesen Gedanken des Jansenius hat sich eine bedeutende Pädagogik entwikkelt, die in der Schule von Port Royal ihre glanzvolle Gestalt und in dem deutschen Pädagogen August Hermann Francke ihren bedeutendsten Repräsentanten gefunden hat. Ihre Grundthese lautet – im konträren Gegensatz zur Pädagogik der Physikotheologie! –, der Mensch dürfe *nicht seiner Natur folgen*, denn diese sei ja verdorben, sondern er müsse *seine Natur geradezu niederkämpfen und abtöten*. Da das Kind verdorben ist, kann es nichts aus sich selbst heraus tun und leisten; vielmehr muß alles von Gott bzw. von seinen irdischen Hilfsknechten und Helfershelfern ausgehen: den Erziehern und Lehrern. Diese müssen das Kind auf autoritäre Weise und mit Gewalt „reiten", das heißt: sie müssen es jeden Augenblick – von kleinster Kindheit bis in das höchste Alter, vom frühen Morgen bis in die späte Nacht – führen, überwachen, kontrollieren und strengster Disziplin unterwerfen. Diese „totale" Erziehung hat den Eigenwillen des Kindes zu brechen, seinen emsigen Fleiß zu nützlicher und gottergebener Arbeit anzustacheln[23] und alles von ihm fernzuhalten, was die Weltliebe fördern könnte: Spiele, Freizeit und Vergnügungen jeglicher Art, auch Musik, Dichtung, Theater, selbst das unschuldigste Lachen. Behütende Aufsicht, den Willen abstumpfende Gewöhnung, das musterhafte Beispiel der Erzieher, strenge Zucht, harte Strafe und nützliche Arbeit sind die exzellenten Mittel dieser Erziehung. Das Grundprinzip der jansenistischen Pädagogik[24] läßt sich in einem Satz zusammenfassen: Die fremde Autorität, das heißt die Vermittlerin und Stellvertreterin der Gnade, tritt an die Stelle der Natur und der eigenen Entscheidung. Sich der kirchlichen und der erzieherischen Autorität widersetzen, heißt sich der Gnade Gottes verschließen und sich an ihr versündigen.

Während die Physikotheologen dem Kind und seiner ursprünglich göttlichen Natur vertrauen, sind die jansenistischen Pädagogen von einem tiefen Mißtrauen gegen das Kind erfüllt. Da alle Gnade und alle Erziehung nur von außen kommt, legen sie den allergrößten Wert auf *Institutionen,* die diese Gnade und diese Erziehung vermitteln sollen: die *Kirche* auf der einen Seite und die *Schule* auf der anderen Seite.

Es ist nur allzu leicht verständlich, dass den Vertretern der Kirche und den Vertretern der Schule diese jansenistische Auffassung von Gnade und Erziehung sehr willkommen war. Und so nimmt es nicht wunder, dass der genannte Hallesche Pastor und Theologe August Hermann Francke (und die ihm nachfolgenden Pietisten und Calvinisten) mit seinen Gedanken nicht nur die Schulen in Deutschland und in Europa, sondern die Schulen in der ganzen westlichen Welt beeinflußt haben und bis auf den heutigen Tag beeinflussen.

Wenn wir hier die Gelegenheit dazu hätten, könnte ich Punkt für Punkt zeigen, dass die entscheidendsten und wirkungsträchtigsten Schulordnungen der deutschen Länder nicht nur von Francke und seiner pietistischen Anthropologie beeinflußt, sondern zu einem kleinen Teil sogar von seiner eigenen Hand verfaßt wurden. Und diese mustergültigen Schulordnungen strahlten dann ebenso in die ganze Welt hinaus wie die von Francke geborene Internatsidee (das Wort kommt von „internieren"), für welche die kasernenartigen Halleschen Anstalten weltweit als nachahmenswertes Muster galten und zum Teil sogar noch bis heute gelten.

IV. Das personalistische Verständnis von Gnade

Man kann die theologischen Schriften des Augustinus aber auch ganz anders lesen, und sie müssen – meiner Überzeugung nach – auch ganz anders gelesen werden. Diese andere Art der pädagogischen Lektüre hat vor allem Rousseau gezeigt. Es reicht jetzt nicht die Zeit, um die aufregenden und umstürzlerischen anthropologischen und pädagogischen Grundgedanken des Jean-Jacques Rousseau darzustellen. Nur ganz wenige Andeutungen müssen hier genügen.

Rousseaus zutiefst christlicher Ausgangspunkt erlaubt es ihm nicht, sich der reformatorisch-pietistischen These von der Verdorbenheit der menschlichen Natur anzuschließen, denn sie widerspricht seiner Meinung nach der ur-christlichen Gewißheit von der Erschaffung des Menschen, nach dem Ebenbilde Gottes. Wenn aber der Mensch, und zwar ein jeder Mensch nach dem Ebenbilde Gottes geschaffen und wenn er außerdem noch mit dem Blute des Erlösers Jesus Christus getauft ist, dann kann er nicht von Grunde auf verdorben sein und auch nicht bis in den Grund hinein verderben. Also dreht Rousseau die Frage um und fragt nicht danach, warum der konkrete Mensch hier und jetzt böse *ist*, sondern danach, wie es kommen kann, dass der nach dem Ebenbilde Gottes geschaffene gute Mensch böse *wird*.[25]

In kaum einem anderen pädagogischen Text wird der von Rousseau im Anschluß an Augustinus eingenomme Standpunkt so deutlich wie in dem zu einer profunden Abhandlung geratenen Offenen Brief an Christophe de Beaumont, in welchem er sich gegen die Verurteilung seines *„Émile"* und gegen den seine Person zutiefst diskriminierenden Hirtenbrief des Pariser Erzbischofs verteidigt und verwahrt[26]. In diesem Brief geht es Rousseau freilich um viel mehr, nämlich um die Frage nach der Möglichkeit von Erziehung überhaupt, und es ist für unseren Zusammenhang überaus bemerkenswert, dass Rousseau, der geistige Vater aller modernen Pädagogik und Erziehung, diese Frage genau am Problem der menschlichen *perfectibilité* festmacht.

Zunächst erläutert Rousseau dem Erzbischof gegenüber noch einmal den Hauptgrundsatz aller Moral, den er in allen seinen Schriften befolgt und besonders in seinem *„Émile"* auseinandergesetzt habe, und dieser Grundsatz lautet, „daß der

Mensch von Natur gut ist und die Gerechtigkeit und Ordnung liebt, daß das menschliche Herz von Natur nicht verdorben ist und daß die ersten Regungen der Natur immer gut sind. Ich habe gezeigt, daß die einzige Leidenschaft, welche mit den Menschen geboren wird, die Selbstliebe, an sich selbst in Rücksicht des Guten und des Bösen *gleichgültig* ist, daß sie bloß durch Zufälle und die Umstände, in welchen sie sich entwickelt, gut oder böse *wird.* Ich habe gezeigt, daß alle Laster, welche man dem menschlichen Herzen zuschreibt, ihm nicht natürlich sind, ich habe ihre Entstehungsart gezeigt und sozusagen ihre Genealogie geschrieben, und endlich habe ich gezeigt, wie durch die allmähliche Veränderung seiner natürlichen Güte der Mensch das geworden ist, was er jetzt ist."[27]

Den Kernpunkt der Auseinandersetzung zwischen Rousseau und dem Pariser Erzbischof bildet neben diesem fundamentalen Gegensatz in der – bei Rousseau an dem frühen Augustinus, bei dem Erzbischof an Jansenius orientierten – Anthropologie vor allem die Frage nach der Erbsünde. Rousseau nimmt in seiner Verteidigung gegen den Vorwurf, er leugne die kirchliche Erbsündenlehre und ziehe die Gefallenheit des Menschen in Zweifel, einen deutlich pelagianischen Standpunkt ein[28]; Karl Barth hat in diesem Zusammenhang wohl mit Recht von dem „herrlichen, strahlenden und zugleich tiefsinnigen Pelagianismus" Rousseaus gesprochen[29]. Gegen die These der Jansenisten von der naturhaften Verderbtheit des Menschen wendet Rousseau auf geradezu entwaffnende Weise ein, wenn Gott den Menschen tatsächlich – wie jene irrtümlich und unter falscher Berufung auf Augustinus meinen – verderbt und böse geschaffen hätte, „so wäre es Ungehorsam gegen ihn, wenn man aufhören wollte, es zu sein." Gegen die Lehre von der Erbsünde bringt Rousseau vor, dass sie in der Schrift keineswegs so ausdrücklich und so deutlich enthalten ist, wie der Erzbischof – unter Berufung auf den *alten* Augustinus – vorgibt und wie es ihm als Kirchenmann gefallen möchte, und Rousseau stellt die provokative Frage, wie man sich überhaupt vorstellen könne, dass Gott so viele reine und unschuldige Wesen erschuf, bloß um sie hernach mit sträflichen Körpern zu vereinigen, wodurch sie das moralische Verderben annehmen und nachher alle zur Hölle verdammt werden, ohne ein anderes Verbrechen als diese Vereinigung, welche sein Werk ist.[30] Und nachdem Rousseau des Erzbischofs mangelndes Vertrauen in die reinigende Kraft des Taufsakraments und in die sündentilgende Wirkung des Blutes Christi auf geradezu schamlose Weise bloßgestellt hat, schleudert er ihm den Satz entgegen: „Sie sehen bloß den Menschen in den Händen des Teufels, und ich sehe, wie er hineingeraten ist. Die Ursache des Übels liegt ihnen zufolge in der verdorbenen Natur, und diese Verderbnis selbst ist ein Übel, dessen Grund man aufsuchen muß. Wir geben, denke ich, beide zu, daß der Mensch gut erschaffen worden ist. Sie sagen aber, er sei böse, weil er böse *gewesen* ist, und ich zeige, wie er böse *geworden* ist. Wer von uns beiden erforscht Ihrer Ansicht nach den Grund am besten?"[31]

Wie wir wissen, erkennt Rousseau die Ursache dafür *oberflächlich* in den verderblichen gesellschaftlichen Verhältnissen und Bedingungen, *tiefer betrachtet* aber in nichts anderem als in der *menschlichen Freiheit.* So ruft er im vierten Buch seines „*Émile*" begeistert aus: „Wenn der Mensch tätig und frei ist, handelt er aus sich selbst; alles, was er frei tut, fällt nicht in das von der göttlichen Vorsehung geordnete System und kann ihr nicht angerechnet werden. Sie will das Böse nicht, welches der Mensch tut, indem er die Freiheit mißbraucht, die sie ihm gegeben hat. Sie hindert ihn aber nicht, das Böse zu tun – entweder, weil sie das Böse eines so schwachen Menschen nicht zu hoch bewertet oder weil sie den Menschen nicht dadurch herabwürdigen will, daß sie ihm das größte Geschenk wieder wegnimmt: *die Gnade seiner Freiheit.*" Und Rousseau fragt weiter: „Sollte man etwa den Menschen, nur damit er nicht Böses tut, auf die Ebene eines (scil.: unfreien) Tieres erniedrigen?" Und geradezu ekstatisch betet Rousseau: „*Nein, Gott meiner Seele, ich werde es Dir niemals vorwerfen, daß Du mich nach Deinem Bilde geschaffen hast, damit ich frei, gut und glücklich sein kann wie Du.*"

Wir begegnen hier einem dritten Verständnis von Gnade, das ich *personalistisch* nennen möchte, denn das göttliche Geschenk wird hier darin gesehen, dass der Mensch als eine *Person* mit den gottebenbildlichen Eigenschaften der *Vernunft,* des *freien Willens* und der *Sprache* ausgestattet ist. Wenn aber die höchste Gnade des Menschen in seiner Freiheit besteht, dann ändert sich das Bild der Erziehung noch einmal, und zwar „radikal", d.h. bis in seine Wurzeln hinein. Dann kann nämlich die Aufgabe der Erziehung nicht darin bestehen, lediglich einem inneren Bauplan zur gesunden Entwicklung zu verhelfen, aber auch nicht darin, den Menschen wie eine Marionette an Fäden zu ziehen oder ihn mit harter Hand und spitzen Sporen zu reiten – eine solche mechanische Vorstellung von Erziehung hatten in unseren Tagen beispielsweise Thorndike und Skinner –, sondern dann besteht die wirkliche Erziehung des Menschen darin, dass er die ihm von Gott als Potenzen und Möglichkeiten eingestiftete *Vernunft, seine Sprache und seinen freien Willen* auf je individuelle Weise im Erkennen, Mitteilen und freien Handeln aktuiert und realisiert, mithin Wirklichkeit werden läßt.

Auch diese Vorstellung von Gnade ist viele Jahrhunderte alt, und auch sie reicht zurück bis in die frühchristliche Theologie. Es war wohl schon Tertullian, der als erster die menschliche Willensfreiheit als das eigentliche Gnadengeschenk Gottes angesehen und entsprechend gewürdigt hat. Ihm sind vor allem Klemens von Alexandrien und Isidor von Sevilla gefolgt – um nur zwei der wichtigsten Namen zu nennen. Augustinus war ein leidenschaftlicher Verkünder des freien Willens und der eigentliche Entdecker der menschlichen Person, indem er die überkommene Frage nach dem Menschen in der Welt in die Frage nach der Welt im Menschen umkehrte, das Sein der Zeit in der Innerlichkeit des Menschen verankerte und das verantwortliche Welthandeln des Menschen auf seine freie Wahl und Entscheidung gründete und in einen eschatologischen Geschichtshorizont stellte[32]. Rousseau war in dieser Hinsicht sein getreuer und gewissenhafter Schüler, jedenfalls in pädagogische Hinsicht.

V. Fazit

Ich muß an dieser Stelle zu einem Ende kommen und darf Ihre Geduld nicht länger strapazieren. Lassen Sie mich meine Gedanken abschließen sowohl mit einer These als auch mit einem Ausblick auf das Problem der menschlichen Schönheit und Vollkommenheit.

Wie unsere Überlegungen gezeigt haben, kann man Gnade theologisch ganz unterschiedlich auffassen und pädagogisch sehr verschieden interpretieren. Je nachdem, wie man Gnade auffaßt, denkt man auch die Erziehung anders. Je nachdem, wie man Erziehung *denkt*, wird man sie dann in der Praxis *tun*. Denn die Theorie geht immer der Praxis vorher, so wie das Denken immer unserem Handeln vorausgehen muß, wenn unser Handeln ein gedankenvolles, verantwortliches, besonnenes und begründetes sein soll und nicht ein gedankenloses, unverantwortliches, unbesonnenes und blindes Herumstochern und Herumtorkeln im Nebel. Mein Eingangssatz hat sich also bestätigt: „Sage mir, wie Du Gnade denkst, und ich sage Dir, was für ein Erzieher Du bist" – *ein physikotheologischer, ein jansenistischer oder ein personalistischer.*

Es ist evident, dass sich mit dem Verständnis von Gnade auch unser Verständnis von menschlicher Schönheit und Wohlgeformtheit – wir können dafür auch den weiter gefaßten Begriff der menschlichen Vollkommenheit oder, Rousseau folgend, *perfectibilité* verwenden – ändert. Wenn wir Schönheit als die Antwort des Menschen auf die ihm geschenkte Gnade interpretieren, dann haben wir drei verschiedene Arten von Schönheit und Vollkommenheit zu unterscheiden.

1. Im ersten Falle, also bei der Position der *Physikotheologie*, liegen Schönheit und Vollkommenheit des Menschen in seiner Normalität. Bei Maria Montessori finden wir zahlreiche Beispiele, wo sie in geradezu verzückte Begeisterung gerät, wenn sie ein normalisiertes Kind – oder besser das, was sie dafür hält – sieht oder zu entdecken vermeint. Sie alle kennen die Geschichte von dem Kind, das 1907 im ersten römischen Kinderhaus von San Lorenzo die hölzernen Einsatzzylinder angeblich immer wieder ausschüttet und einsetzt und in völliger Polarisation der Aufmerksamkeit versinkt. Schönheit und Vollkommenheit sind das Resultat der normalen Entwicklung gemäß dem immanenten göttlichen Bauplan.

2. Im zweiten Falle folgen Schönheit und Vollkommenheit einem mechanischen Einwirken von außen. Nicht das Kind ist schön, es ist sogar häßlich, gräßlich, ekelhaft und verdorben. Seine Vollkommenheit kann nicht von innen kommen, sondern sie muß ihm ganz und gar von außen gegeben werden. Diese Position wertet zwar die Rolle des Erziehers und Lehrers enorm auf – und deshalb gefällt sie vielen Lehrern und Erziehern bis auf den heutigen Tag so gut –, aber was für ein schreckliches Bild des Lehrers und Erziehers läßt sie vor unserem Auge erstehen! Kann man wirklich Kinder erziehen, wenn man sie verachtet und ihre Natur als verfault und verdorben ansieht? Darf man sich wirklich in pädagogischer Hybris anmaßen, das Kind von außen schön und vollkommen *machen* zu wollen und *machen* zu können? Darf sich – wie Augustinus auf provokative Weise in seinem Dialog *„Der Lehrer"* fragt – jemand wirklich Vater und Erzieher eines anderen nennen?[33]

3. Im dritten Falle, bei der Position des Personalismus, wird die Gnade im freien Willen des Menschen und in seiner Fähigkeit gesehen, selbst zu wählen und eigenverantwortlich zu entscheiden. Das Kind spielt mit der Gnade und macht sich selbst zum Baumeister seiner eigenen Person und zum Autor seiner eigenen Lebensgeschichte[34]. Nur hier kommen Schönheit und Vollkommenheit wirklich aus der Seele, und die individuelle Schönheit folgt nicht einer Schablone, sondern ist einmalig, einzigartig, unwiederholbar wie jede Person einmalig, einzigartig und unwiederholbar ist. Und jede menschliche Person hat ihre je eigentümliche Vollkommenheit, so wie nicht zwei Heilige einander gleichen, sondern jeder auf seine je eigentümliche Art und Weise „heilig", d.h. vollkommen ist. Nur in dieser dritten Position wird Gnade *personal* gedacht, und ebenso die Erziehung und die menschliche Schönheit und Vollkommenheit. Nur in dieser Position ist wirklich die Rede von der Freiheit des Kindes.

An dieser Stelle endet mein Vortrag – nicht mit einer Antwort, sondern mit einer Frage. Wie sollen wir Erziehung denken, wie sie praktisch tun: als determinierte Entwicklung und folglich als gärtnergleiche Wachstumspflege, als das Gelenkigmachen einer beliebig manipulierbaren Marionette oder als die Ermutigung der kindlichen Person zum selbständigem Gebrauch von Vernunft, Sprache und freiem Willen? *Sage mir, wie Du Gnade denkst, und ich sage Dir, was für ein Erzieher Du bist!*

Anmerkungen

[1] Vortrag, in englischer Sprache gehalten am 25. Juli 1998 in Chicago (Illinois, USA) bei dem von der AMI-USA veranstalteten Kongress über das Thema „Grace and Courtesy. A Human Responsibility". „I think this contribution was an important one because it challenges Montessorians to a deaper contemplation of the Montessori concepts." So schrieb Virginia McHugh über diesen Vortrag in ihrem Kongressbericht in: *AMI-Communications*, 1998/ 2–3, S. 30.

[2] Vgl. dazu u.a. *Christianity and Educational Provision in International Perspective,* ed. by Witold Tulasiewicz and Colin Brock, London-New York 1988; dort auf den Seiten 170–192 mein Beitrag *Christianity, Cultural Politics and Education in Germany.*

[3] Zum historischen Nachweis dieser Aussage vgl. insbesondere Alfonso Capitan Diaz: *Historia del pensamiento pedagógico en Europa,* 2 Bände, Madrid 1984.

[4] Zu dieser grundlegenden Unterscheidung zwischen Erziehung als *Tun* und Pädagogik als *Denken* über dieses Tun vgl. in aller Ausführlichkeit Winfried Böhm: *Entwürfe zu einer Pädagogik der Person,* Bad Heilbrunn 1997, bes. S. 191ff.

[5] Diesen Gedanken hat schon Seneca in seinen Moralischen Briefen an Lucilius formuliert.

[6] Zu diesem Zusammenhang vgl. u.a. den aufschlußreichen Beitrag von Jürgen Oelkers: *Vollendung. Theologische Spuren im pädagogischen Denken,* in: *Zwischen Anfang und Ende. Fragen an die Pädagogik,* hrsg. von Niklas Luhmann und Eberhard Schorr, Frankfurt am Mein 1990, S. 24–72.

[7] Siehe dazu Heinrich Beck: *Natürliche Theologie. Grundriß philosophischer Gotteserkenntnis,* München/Salzburg 1986, 2. Aufl. 1988; neuerdings Winfried Weier: *Sinnerfahrung menschlicher Existenz. Neue Wege der Gotteserkenntnis,* Frankfurt am Main 1999.

[8] Siehe dazu den Artikel *Physicotheology* in *The Encyclopedia of Philosophy,* ed. P. Edwards, London-New York, vol. 6, 1967, S. 300–305.

[9] Siehe zu Rousseaus natürlichem Religionsverständnis Wolfgang Ritzel: *Rousseaus Glaubensbekenntnisse,* in: *Kanzel und Katheder. Zum Verhältnis von Religion und Pädagogik seit der Aufklärung,* hrsg. von Marian Heitger und Angelika Wenger, Paderborn 1994, S. 13–41; siehe dazu auch Frithjof Grell: *Der Rousseau der Reformpädagogen. Studien zur pädagogischen Rousseaurezeption,* Würzburg 1996.

[10] So der Titel von Helena Petrovna Blavatzkys Hauptwerk, erschienen 1888. Als Reprint Pasadena (California) 1988. Vgl. dazu die ausführliche Biographie dieser Gründerin der Theosophie von Sylvia Cranston: *The Extraordinary Life and Influence of Helena Blavatzky,* New York 1994.

[11] Übersetzt: „... daß eine einzigartige allgemein geheime Tradition besteht, alt aber zeitlos, auf der alle Religionen, vergangene wie gegenwärtige, beruhen. Diese alte „Weisheitstradition", von der Theosophie in Anspruch genommen, vereint Religion, Wissenschaft und Philosophie in einer alles erklärenden/ begründenden Synthese: Gott, das Universum, die Menschheit, Natur und Schöpfung." Maria Carlson: *„No Religion Higher Than Truth". A History of the Theosophical Movement in Russia, 1875–1922,* Princeton (New Jersey) 1993, S.114.

[12] Siehe dazu ausführlich Annie Besant: *Uralte Weisheit,* dt. München 1981, 4. Aufl. 1992, passim.

[13] Ebda., S. 183.

[14] Vgl. dazu Susanne Heine: *Montessori und die Vergottung des Kindes,* in: *„Kinder sind anders." Maria Montessoris Bild vom Kinde auf dem Prüfstand,* hrsg. von Waltraud Harth-Peter, Würzburg 1997, S. 227–242.

[15] In Deutschland herrscht noch immer das Bild von Maria Montessori als einer kinderlieben Erzieherin bzw. das einer braven „Kindergarten-Mutti" (wie sie übrigens selbstironisch formulierte) vor, und man verkennt vielfach noch immer, dass es sich bei ihr um eine akademisch hochqualifizierte Universitätsprofessorin handelt, die sich lebenslang als eine Wissenschaftlerin und nicht als eine

Praktikerin der Erziehung verstanden hat. Siehe dazu neuerdings meine Einführung in Winfried Böhm (Hrsg.): *Maria Montessori Bibliographie 1896–1996. Internationale Bibliographie der Schriften und Forschungsliteratur,* Bad Heilbrunn 1999.

[16] Vgl. dazu ausführlich Winfried Böhm: *Maria Montessori. Hintergrund und Prinzipien ihres pädagogischen Denkens,* 2. Aufl. Bad Heilbrunn 1991, und ebenso Winfried Böhm: *Maria Montessori,* in: *Quinze Pédagogues. Leur influence aujourd'hui,* ed. Jean Houssaye, Paris 1994, S. 135–166.

[17] Übersetzt: „Wir sind unmoralisch, wenn wir die Gesetze des Lebens mißachten, denn die triumphierende Herrschaft des Lebens im ganzen Universum macht unsere Vorstellung von Schönheit, dem Guten und der Wahrheit, kurz gesagt von Gott aus." Maria Montessori: *Pedagogical Anthropology,* London 1914, S. 27. (Ich zitiere hier aus der leichter zugänglichen englischen Übersetzung. Die italienische Originalausgabe ist in Deutschland kaum noch zu greifen. Eine deutsche Übersetzung dieses grundlegenden Buches fehlt bis heute.)

[18] Maria Montessori: *Gott und das Kind,* hrsg. von Günter Schulz-Benesch, Freiburg i. Br. 1995, S. 28.

[19] Ebda.

[20] Maria Montessori: *The Child in the Church,* ed. by Ernst Mortimer Standing, St. Paul (Minnesota) 1965, S. 5. In der verbreiteten deutschen Übersetzung lautet das Zitat: „Man hätte eher die wunderbaren Kräfte der göttlichen Schöpfung in der kindlichen Seele erforschen sollen; mehr als die Methode, die sich nur den göttlichen Weissagungen des natürlichen Laufs der Entwicklung angepaßt hatte, war die Natur des Kindes selbst der Bewunderung würdig."

[21] Maria Montessori: *The Unconscious in History,* Adyar (Madras) 1949.

[22] Übersetzt: „Wir sind unmoralisch, wenn wir die Gesetze des Lebens mißachten."

[23] Vgl. dazu die aufschlußreiche Studie von Volker Lenhart: *Protestantische Pädagogik und der „Geist" des Kapitalismus,* Frankfurt am Main 1998.

[24] Vgl. dazu Joseph Sedelmair: *Die Pädagogik des Jansenismus,* Donauwörth 1932.

[25] Vgl. dazu und zum folgenden Winfried Böhm: *Éducation Nouvelle et Christianisme – une liaison difficile,* in: *Identité et Altérnité en Éducation,* ed. Michel Soëtard, Angers 1996.

[26] Jean-Jacques Rousseau: *Brief an Christophe de Beaumont,* in: *Schriften,* Bd. 1, hrsg. von Henning Ritter, Frankfurt am Main 1981.

[27] Ebda., S. 508f.

[28] Siehe dazu Jean-Francois Thomas: *Le pelagianisme de J.-J. Rousseau,* Paris 1956.

[29] Karl Barth: *Die protestantische Theologie im 19. Jahrhundert. Ihre Vorgeschichte und ihre Geschichte,* Bd. 1, Hamburg 1972, S. 193.

[30] Jean-Jacques Rousseau: A.a.O., S. 511.

[31] Ebda., S. 513f.

[32] Vgl. dazu Winfried Böhm: *Aurelius Augustinus und die Entdeckung der Person,* in: *Entwürfe zu einer Pädagogik der Person,* Bad Heilbrunn 1997, S. 97–112.

[33] Augustinus: *De magistro – Der Lehrer,* Zweisprachige Ausgabe, hrsg. von Therese Fuhrer, Paderborn 2002.

[34] Siehe dazu Winfried Böhm: *Das Leben ein Spiel – das Spiel ein Leben,* in: *Vom Spiel der Phantasie. Quellgründe der Kultur,* hrsg. von Joachim Herten, Günter Koch und Edith Weschler, Würzburg 1998, S. 77–96.

Birgitta Fuchs

Die Grundlagen der religiösen Erziehung bei Maria Montessori

Die Frage nach der religiösen Erziehung[1] galt in Deutschland selbst unter eingefleischten Montessorianern lange als ein eher nebensächliches, wenn nicht gar als ein erledigtes Thema, nachdem die Diskussion um die Stellung der Religion im Denken Montessoris im allgemeinen und ihr Verhältnis zur katholischen Kirche im besonderen durch die Arbeiten von Schröteler, Helming, Oswald und Schulz-Benesch dahingehend beantwortet zu sein schien, dass die „Rechtgläubigkeit" Montessoris und ihre Treue zu den Lehren der katholischen Kirche über alle Zweifel erhaben sei, so dass uns in Montessoris Reflexionen über Erziehung das Konzept einer genuin katholischen Pädagogin begegnet. Interpreten der Montessori-Pädagogik, die diese Auffassung aus guten Gründen nicht teilen konnten, verwiesen dagegen auf die „überkonfessionelle Weite" ihres Religionsbegriffs und legten nahe, auch einen nichtkatholischen Ursprung ihres religiösen Denkens anzunehmen oder diesen zumindest in Betracht zu ziehen.[2] Diese Diskussion berührte die Rezeption der Montessori Pädagogik über Jahre hinweg nur am Rande, ein Tatbestand, der letztendlich wohl darauf zurückzuführen war, dass es durchaus möglich ist, sich mit der Erziehungstheorie Montessoris zu beschäftigen, ohne den religiösen Hintergrund zwingend mitdenken zu müssen, insofern sowohl ihre theoretischen als auch ihre praktischen Ausführungen auch ohne eine religiöse Deutung als in sich stimmig und nachvollziehbar erscheinen.
Ein weiterer Grund für das Schattendasein der religiösen Erziehung innerhalb der Montessori-Rezeption mag darin zu sehen sein, dass man sich fast ausschließlich auf den Modellversuch in Barcelona berief, in dem Montessori das Konzept einer stark liturgiezentrierten kirchlichen Katechese entwarf und praktizierte, das, wie Horst Klaus Berg treffend herausgestellt hat[3], heute in dieser Form nicht mehr anwendbar ist, zumal Kirche in unseren Tagen nicht mehr ohne Vorbehalt als ursprünglicher Erfahrungsraum des Glaubens angesehen werden kann. Hinsichtlich dieses Modellversuches von Barcelona gilt es zu bedenken, dass Montessori nicht einem inneren Antrieb folgte, als sie sich mit den Fragen der Religionspädagogik auseinandersetzte, sondern dass vielmehr spanische Geistliche (angeregt durch einen Vortrag ihrer geistigen Ziehtochter Anna Maria Maccheroni anläßlich eines Liturgischen Kongresses auf dem Montserrat) mit der Bitte an Montessori herantraten, ihre allgemeinen pädagogischen Prinzipien auch auf

dem Gebiet der Religionspädagogik zu erproben. Bei der Lektüre ihrer Beschreibungen dieses Versuches, die in deutscher Sprache unter dem Titel „Kinder, die in der Kirche leben“ erschienen sind, kann man sich in der Tat nur schwer des Eindrucks erwehren, dass es sich um die nur oberflächlich reflektierte und wenig systematische Anwendung ihrer allgemeinen Prinzipien auf das Feld der religiösen Erziehung handelt.

Erst in den letzten Jahren konnte sich die religiöse Erziehung bei Montessori sowohl in theoretischer als auch in praktischer Hinsicht einer neuen und unerwarteten Aktualität erfreuen, und es liegen mittlerweile eine Reihe durchaus positiv zu bewertender didaktisch-methodischer Ansätze vor, die durch ein kritisch-produktives Gespräch zwischen Montessori-Pädagogik und heutiger Religionspädagogik zu einer Erneuerung religionspädagogischer Praxis beitragen wollen und die mit ihrem gesteigerten Reflexionsniveau den ursprünglichen religionspädagogischen Ansatz Montessoris bei weitem übertreffen.

Thema dieses kurzen Referates sollen jedoch weder didaktisch-methodische Überlegungen zur Religionspädagogik noch historisch-biographische Ansätze sein, sondern es soll systematisch die Frage nach den Grundlagen ihres Denkens gestellt werden. Will man den Ursprüngen ihres religiösen Denkens auf den Grund kommen, muß man die Oberfläche der religionspädagogischen Praxis ohnehin durchdringen und die Frage in den größeren Zusammenhang ihres Welt- und Menschenbildes stellen, das uns vor allem in ihren Schriften zur kosmischen Theorie und in ihrer tiefgründigen religionsphilosophischen Schrift „Gott und das Kind“ vorliegt. Die Lektüre dieser Schriften rückt die Frage nach der Religion freilich von einer zu vernachlässigenden Randposition in den Mittelpunkt ihres Denkens.

Nähert man sich dem Werk Montessoris mit einem systematischen Erkenntnisinteresse, so sieht man sich beständig mit dem Problem konfrontiert, dass sich ihr Denken immer wieder dem systematischen Zugriff entzieht. Die Begründung, Montessori sei eben eine geniale Erzieherin und keine strenge Theoretikerin gewesen, deren Interesse an der Philosophie und an theoretischen Grundfragen der Pädagogik eher gering gewesen sei, wird Montessori in keiner Weise gerecht und verkennt völlig ihren eigenen theoretischen Anspruch. Der Grund für die Widersprüchlichkeit ihres Denkens, die es schließlich auch möglich machte, dass Montessori von den unterschiedlichsten Denk- und Glaubensrichtungen in Anspruch genommen werden konnte[4], liegt in ihrer Art zu denken. Logische Argumentation und zwingende Beweisführung liegen ihr fern. Statt dessen denkt Montessori organologisch-assoziativ, wodurch die unterschiedlichsten Denkansätze bei ihr mit erstaunlicher Leichtigkeit zu einer – freilich nur scheinbaren – Synthese verschmelzen.

I. Kosmische Theorie als Interpretationsmodell für Mensch und Welt

Montessoris Interpretation der Welt als Kosmos und des Menschen als integrativer Teil dieses Ganzen bewegt, wie kein anderes Thema, derzeit die Diskussion um die Montessori-Pädagogik. Ein grober Überblick über die Rezeption von Maria Montessoris kosmischem Denken zeigt eine erschreckende Naivität gegenüber diesem Erklärungsmodell, das in gewissen Kreisen zu einem neuen Heilswissen zur Lösung drängender Menschheitsprobleme hochstilisiert wird. Kaum einer der Interpreten stellt dabei jedoch die entscheidende Frage, ob der die kosmische Weltsicht Montessoris tragende Gedanke einer prästabilierten Harmonie heute noch als Bezugsrahmen für das Nachdenken über Erziehung und Bildung des Menschen dienen kann und ob nicht vielmehr an die Stelle der „Einführung" in eine von Gott geschaffene und verbürgte Weltordnung (wie sie das kosmische Denken der Antike und der *ordo*-Gedanke des christlichen Mittelalters darstellen) die Konfrontation mit pluralen Weltdeutungen und der kritische Diskurs über eine konsensfähige gemeinsame Weltsicht treten müßte.

Montessoris kosmische Theorie erblickt in der Natur die Wirksamkeit eines universalen kosmischen Evolutionsplanes, von dem nicht nur die unterschiedlichen Formen individuellen Lebens, sondern auch die gesamte Entwicklung des Planeten Erde abhängen. Jene Gesetze einer der Natur immanenten kosmischen Ordnung, welche die Natur in einer „funktionellen Harmonie" erhalten, interpretiert Montessori als „Manifestationen des göttlichen Geistes", denen schon aufgrund ihres göttlichen Ursprungs mit Achtung und Ehrfurcht zu begegnen ist. Innerhalb dieses kosmischen Ordnungsgefüges dient das instinktgeleitete Verhalten jedes einzelnen Lebewesens nicht nur der Arterhaltung, sondern jedes Geschöpf erfüllt gleichzeitig und quasi unbewußt eine komplexe kosmische Aufgabe, die der Aufrechterhaltung der natürlichen Ordnung dient. Montessori nennt als besonders anschauliches Beispiel immer wieder das Verhalten des Insekts, das seine Nahrung in den Blüten der Pflanzen sucht und mit der Nahrungsaufnahme „unbewußt" die scheinbar altruistische Aufgabe erfüllt, durch die Bestäubung der Blüten das Überleben der Pflanze zu sichern. Jede Art wirkt so für das Ganze wie andererseits vom Werk eines jeden einzelnen die Lebensmöglichkeit des Ganzen abhängt.

„Diese kosmischen Aufgaben sind weise unter alle Verhaltensformen verteilt worden, die unwiderstehlich zu einer bestimmten Aufgabe drängen, welche der Gemeinschaft dient: die Ökologie ist eine neue Wissenschaft, die diese Wechselbeziehungen studiert."[5]

Diese doppelte Wechselwirkung zwischen den einzelnen Lebewesen einerseits und zwischen der organischen und anorganischen Natur andererseits bleibt nach dem Verständnis Montessoris unabhängig von jeder metaphysischen Deutung mit Hilfe der Naturwissenschaften erfahrbar. Selbst das unscheinbarste Lebewesen verfügt über innere Direktiven, die das Verhalten eines Tieres in einer spezifischen Umwelt als durchaus „intelligent“ (im Sinne von sinn-voll) erscheinen lassen.

Axel Holz hat in seiner Gegenüberstellung von Montessori und Darwin darauf hingewiesen, dass das von Montessori gezeichnete Bild der „harmonisch ineinandergreifenden Weltelemente zu einem homogenen Ganzen einseitig, nicht umfassend und daher naturwissenschaftlich angreifbar ist“.[6] Dieser nicht nur von Darwin, sondern auch von den modernen Naturwissenschaften an Montessori zu richtende Vorwurf trifft Montessori kaum, denn die letzte Begründung ihrer Sicht der Welt stammt nicht aus der Naturwissenschaft, sondern aus der Naturtheologie, näherhin aus der jahrhundertealten Physikotheologie, die von der in der Welt durchgängig zu beobachtenden Ordnung und Zweckmäßigkeit auf das Dasein einer ersten Ursache, näherhin auf einen Schöpfergott schließt. Es sei nur am Rande darauf hingewiesen, dass Montessoris metaphysisch begründete kosmische Weltsicht zwangsläufig zu einer vehementen Auseinandersetzung mit Darwins Evolutionstheorie führen mußte, die, im Gegensatz zur kosmischen Theorie, jedwede immanente Teleologie aus der Natur verbannte.

Auf dieser uralten Physikotheologie, die Montessori nur in einem scheinbar neuen Gewand unter dem Namen einer kosmischen Theorie vorträgt, beruht sowohl die Theorie als auch die Praxis ihrer kosmischen Erziehung, die „eine neue Form intellektueller Bildung vermittelt und neue Gefühle der Menschlichkeit“ kultivieren soll.

„Der universale Lehrplan, der den Verstand und das Gewissen aller Menschen in einer Harmonie vereinen kann, ist das, was wir durch kosmische Erziehung beabsichtigen“.[7]

In das Zentrum ihres pädagogisch-didaktischen Schulkonzepts für den Primarbereich rückt Montessori ihre Theorie eines kosmischen Schöpfungsplanes, auf den hin alle einzelnen Aspekte des Wissens von Mensch und Welt, genauer von Natur und Gesellschaft, zentriert werden. „Astronomie, Geographie, Geologie, Physik, Biologie, Chemie sind nur Details eines Ganzen. Ihr Bezug untereinander ist das, was das Interesse von einem Zentrum bis zu seinen Ausläufern hin treibt ... Der kosmische Aufbau der menschlichen Gesellschaft muß das Zentrum des Studiums der Geschichte und der Soziologie werden“.[8]

Leider kann ich aufgrund der knapp bemessenen Zeit nicht näher auf Montessoris didaktisches Konzept einer kosmischen Schul-Erziehung eingehen. Festhalten möchte ich nur, dass die kosmische Erziehung durch zwei Momente charakterisiert wird: zum einen durch das Moment der Welterkenntnis, die sich jedoch weitgehend darauf beschränkt, den Schüler in diese evolutionstheologische kosmische Weltsicht einzuführen, und zum anderen durch das Moment der Weltgestaltung, bzw. durch die Fähigkeit, bewußt in der Welt zu handeln. Erziehung und Bildung des Menschen sind für Montessori ohne Weltbezug nicht denkbar. Dieser Weltbezug reicht von der puren *Anpassung* des Kindes an ein kulturelles und soziales Umfeld (in der Entwicklungsphase des absorbierenden Geistes) über ein zielgerichtetes *Erforschen* der Umwelt bis hin zu einer bewußten Auseinandersetzung mit der gesellschaftlichen Realität in der Phase der Pubertät, die es dem Jugendlichen ermöglichen soll, seinen Platz in einem je bestimmten gesellschaftlichen Gefüge zu finden und einzunehmen. Wo aber haben diese kosmischen Gedanken Montessoris ihren Ursprung? Ich möchte dazu drei mögliche Antworten anbieten.

1. Nähe oder Distanz zur Theosophie?

Die Frage, ob und in welchem Maße Montessoris kosmische Sicht von Mensch und Welt durch theosophisches Gedankengut beeinflußt wurde, ist in der Diskussion um Montessoris Religionsbegriff nach wie vor heftig umstritten, und es läßt sich angesichts der aktuellen Forschungslage auch kein abschließendes Urteil fällen. Ich möchte zunächst grob verallgemeinernd einige zentrale Gedanken nennen, die der 1875 in New York gegründeten Theosophischen Gesellschaft zugrunde lagen. Helena Petrowna Blavatzky, Begründerin der Theosophischen Gesellschaft, läßt in ihrem 1889 erschienenen „Schlüssel zur Theosophie" erkennen, dass hinter ihrer Gründung der Theosophischen Gesellschaft der Wunsch stand, nationale, kulturelle und religiöse Schranken niederzureißen und die nicht zuletzt durch religiöse Dogmen und gesellschaftliche Vorurteile entstandene Zerrissenheit der Menschen zu überwinden, um so den Weg für die praktische Verwirklichung einer universalen Verbrüderung zu ebnen. Blavatzky wollte die Rettung des Menschen aus dem „Treibhaus des Egoismus" und ersehnte die Veredelung, Vervollkommnung, mithin die Vergöttlichung des Menschen. Ganz im Sinne dieses Programms von Blavatzky erstrebte die Theosophische Gesellschaft die geistige Umklammerung der Menschen aller Kulturen, Rassen, Denkrichtungen und Religionen, was natürlich einen sehr weiten und überkonfessionellen Religionsbegriff erforderte.[9]

W.S. Olcotts esoterische Theosophie erstrebt die Synthese von Philosophie, Wissenschaft und Religion und erliegt noch wesentlich stärker als Blavatzky dem Pathos der Göttlichkeit des Menschen.[10]

Der Theosophie lag, wiederum grob verallgemeinernd, ein pantheistischer Gottesbegriff zum Grunde. In radikaler Distanz zum Theismus des Christentums, als dem Glauben an einen personalen, selbsttätigen und transzendenten Gott, der als Schöpfer, Erhalter und Lenker der Welt gedacht wird, behauptet der theosophische Pantheismus die Seinseinheit Gottes mit allem, was ist, und verwischt den Wesensunterschied zwischen Gott und Welt, indem er das ganz andere transzendente Sein Gottes nicht erfasst. Zum Gott der christlichen Heilsgeschichte, seinem einzigartigen personalen In-sich-selbst-Sein, seinem freien gnadenhaften oder richterlichen Handeln aus höchster sittlicher Autorität gegenüber Welt und Geschichte hat der Pantheismus keinen Zugang. Die Errettung und Erlösung des Menschen und die Gestaltung einer vollkommenen Welt erhofft sich die Theosophie und so auch Maria Montessori nicht von dem gnadenhaften Handeln Gottes oder von Christus als dem Erlöser der Menschheit, sondern vom Menschen selbst, genauer vom *vollkommenen Kind* als der Inkarnation des göttlichen Prinzips.[11] Die von Susanne Heine als bescheidene christliche Grundidee bezeichnete Überzeugung, dass sich menschliches Leben in, mit und unter unaufhebbaren Widersprüchen einigermaßen menschlich bewähren muß, weil es die Erlösung dem überläßt, der dafür zuständig ist, bleibt dieser theosophischen Denkrichtung fern.[12]

Montessoris Denken weist nicht zu übersehende Parallelen mit theosophischem Gedankengut auf, die sich nicht leugnen lassen. Ich möchte nur einige wenige anführen:

Auf dem europäischen Kongreß für den Frieden 1936 in Brüssel erklärt Montessori: „Wir alle bilden einen einzigen Organismus, eine einzige Nation. Diese einzige Nation, die unbewußt das geistige und auch religiöse Sehnen der menschlichen Seele war, hat sich endlich verwirklicht, das können wir laut über die ganze Erde hinweg ausrufen. Es ist der Organismus Menschheit geboren: diese Superkonstruktion, die alle Anstrengungen des Menschen von seinem Anbeginn in sich vereint, ist Wirklichkeit geworden ... Die Existenz der einzelnen Nationen mit ihren Grenzen, ihren Gebräuchen und ihren unterschiedlichen Rechten ist sinnlos geworden ... der Glockenschall, der heute die Menschheit aufruft, sich unter der einzigen Fahne der Menschheit zu vereinen, bedeutet Leben oder Tod.“[13] Auf dem internationalen Montessori-Kongreß 1937 in Kopenhagen verkündet Montessori, dass sich die Menschheit bei der Errichtung ihrer neuen Organisation auf zwei Realitäten stützen kann, *die bereits vereinte Menschheit* und *das neue Kind:* „Eine einzige Nation und der bessere Mensch: das sind die beiden großen Realitäten: Der bessere Mensch wird uns sagen, wie man eine Einheit bewußter Menschheit vorzubereiten hat ... Denn schon ist eine neue Gesellschaft im Werden. Eine neue Menschheit wird für eine neue Welt geboren.“ [14]

Auf einem Montessori – Kurs in Brüssel 1936 heißt es: „Die ganze Menschheit ist eine und nur eine, eine Rasse, eine Klasse und eine Gesellschaft. La Nazione Unica.“[15]

In einem Vortrag über Kosmische Erziehung, den sie 1945 in Indien hielt, findet sich ein Zitat, das für unser Thema höchst aufschlußreich ist. Dort heißt es: „Ohne Zweifel besitzt die kosmische Konzeption Affinität zu der »Einheit Gottes, des Schöpfers«, wie sie in vielen Religionen anerkannt wird. Sowohl Einheit unter den Menschen wie auch Hilfe für die Schwachen gehört zum christlichen Geist und zu dem anderer Religionen. Aber was in der kosmischen Theorie hervorgehoben wird, ist nicht nur die Nützlichkeit der mitmenschlichen Hilfe, sondern die gerechte Anerkennung der Verdienste der Menschen und der Tatsache, daß wir alles ihren Anstrengungen verdanken. In Religionen wird alles, was gut ist, und was wir genießen, der Gnade Gottes zugeschrieben ... Wir mögen hier wiederholen: Gebt Gottes, was Gottes ist, und dem Menschen, was des Menschen ist. Es ist notwendig, dieses religiöse Gefühl der Dankbarkeit, das Gott entgegengebracht wurde, auch gegenüber dem Menschen zu erwecken. Religiöse Achtung vor der *geheiligten Menschheit als dem wirkenden Austeiler des Segens Gottes* muß in den kommenden Generationen erweckt werden. Und das Vergehen gegen menschliches Leben muß als ein Sakrileg empfunden werden. Wenn es nicht so geschieht, wird uns der Zorn Gottes immer wieder in Gestalt vernichtender Kriege heimsuchen, weil wir den Menschen, den geheiligten Fürsorger unser aller gemeinsamen Wohls, mißachtet haben.“ [16]

Dieses Zitat ist für uns aus zwei Gründen hoch interessant. Zum einen bestätigt es die These von Winfried Böhm, dass wir bei Montessori einen sehr weitgefaßten und überkonfessionell geprägten Religionsbegriff vorliegen haben. Zum anderen stoßen wir hier auf ein Phänomen, mit dem wir uns bei dem Studium von Montessoris Schriften zur kosmischen Theorie beständig konfrontiert sehen. Während nämlich das angeführte Zitat Montessori weg von einem christlichen Gottesbegriff und in die Nähe des Deismus rückt, einer Denkrichtung, die zwar einen Gott als Urgrund der Welt nicht leugnet, die jedoch davon ausgeht, dass nach der Schöpfung keinerlei Eingriffe von seiten dieses Gottes in den Lauf der Welt erfolgten, so dass der Mensch in letzter Konsequenz und in treuer Übereinstimmung mit den göttlichen Schöpfungsgesetzen die Schöpfung vollendet und so, wie Montessori meint, „zum wirkenden Austeiler des Segens Gottes wird“, führt Montessori, im krassen Widerspruch dazu und ohne sich dessen wirklich bewußt zu sein, die alttestamentlich-jüdische Gottesvorstellung ein, die dem Menschen mit dem Gericht und dem Zorn Gottes droht, sollte sich der Mensch bewußt gegen den Willen Gottes stellen.[17]

Die Kontakte Montessoris zur Theosophischen Gesellschaft sind bereits um das Jahr 1907 und noch früher belegt, als Montessori einen Vortrag von Annie Besant (der damaligen Vorsitzenden der Theosophischen Gesellschaft) hörte, der sie offensichtlich stark beeindruckte. Rita Kramer berichtet nicht nur über eine enge Freundschaft der beiden Frauen, sondern auch von dem großen Interesse der Theosophischen Gesellschaft, ein Montessori-Bildungszentrum in Indien zu errichten. Zu Annie Besants Nachfolger Sidney Arundale, Rektor der Universität von Madras und Unterrichtsminister, unterhielt Montessori über Jahre hinweg enge Kontakte. Arundale organisierte nicht nur den ersten ladesübergreifenden

Montessori-Kurs, sondern lud Montessori zu zahlreichen theosophischen Kongressen und Tagungen ein und ermöglichte die Publikation ihrer Texte in theosophischen Verlagen.
Auf die Beeinflussung Montessoris durch das theosophische Umfeld in Richtung auf eine kosmische Sicht von Mensch und Welt weist vor allem Winfried Böhm mit Nachdruck hin.[18] Der Gedanke der Weltharmonie, das Verständnis der kindlichen Entwicklungskräfte als Emanationen des göttlichen Willens und die Achtung des Geheimnisses des Kindes deuten auf eine sehr enge Verwandtschaft mit theosophischem Gedankengut hin. Ein eschatologisches Pathos des Entwurfs eines neuen Menschen sei das Gemeinsame; jene neuere Theosophie suche nach einer die Menschheit umgreifenden Religion, nach den verborgenen spirituellen Kräften in je-diesem Kind. Zwischen den Grundgedanken Montessoris und der von Arundale und Beatrice Ensor gegründeten „Theosophical Fraternity in Education" bestehe eine gegenseitige Hochschätzung und Affinität.

2. Eine genuin katholische Pädagogin?
Das zweite Modell sieht in Montessori eine genuin katholische Pädagogin und hält jeden nichtkatholischen Ursprung ihres Denkens für unwahrscheinlich. Mit aller Entschiedenheit weist Paul Oswald[19] eine Affinität kosmischen Denkens bei Montessori zur Theosophie zurück und begründet dies mit dem Hinweis, dass der kosmische Gedanke kein theosophisches Sondergut sei, sondern seit den Tagen der Griechen zum abendländischen Geistesbesitz gehöre; christlich unterbaut und ergänzt spielt er zuerst bei den Kirchenvätern und dann im Mittelalter eine bedeutsame Rolle, so etwa in dem ordo-Gedanken des Thomas von Aquin. Paul Oswald rückt Montessori in seinem Klärungsschema in die Nähe von Comenius und Fröbel. Comenius habe in seiner „Pampaedia" ein weltumspannendes Erziehungskonzept entworfen und dem Menschen die Aufgabe zugeteilt, durch das „In-Ordnung-bringen" der Welt an der Vollendung der Schöpfung mitzuarbeiten. Fröbel komme aufgrund folgenden Zitates als Bezugspunkt in Frage: In seiner Einleitung zu der „Menschenerziehung" heißt es „Alles ist hervorgegangen aus dem Göttlichen, aus Gott, und durch das Göttliche, durch Gott einzig bedingt; in Gott ist der einzige Grund aller Dinge ... Alle Dinge sind nur dadurch, daß Göttliches in ihnen wirkt." Doch gleich im nächsten Satz weist Paul Oswald darauf hin, dass Montessori Fröbels Menschenerziehung wahrscheinlich gar nicht gelesen hat, und die bis 1937 verschollene Pampaedia des Comenius konnte sie gar nicht kennen.
Günter Schulz-Benesch[20] stützt seine Argumentation gegen eine Nähe zur Theosophie auf die Aussage Mario Montessoris, seine Mutter sei Zeit ihres Lebens gläubige Katholikin gewesen, und er versucht dieser Aussage noch dadurch Gewicht zu verleihen, dass er auf die wiederholt bezeugte Hochschätzung der

Montessori-Pädagogik durch die katholische Kirche verweist; so erhielten nicht nur einige Schriften Montessoris das kirchliche Imprimatur, sondern Papst Pius X. erteilte Montessori eigenhändig die Unterrichtserlaubnis für einen Lehrkurs für Franziskanerinnen. Nicht anzuzweifeln sei auch die Tatsache, dass Montessoris religionspädagogischen Schriften sorgfältige theologische Studien zugrunde liegen. Günter Schulz-Beneschs Argumente klingen plausibel und täuschen darüber hinweg, dass sie eigentlich ins Leere zielen.

Der Hinweis, Montessori sei gläubige Katholikin gewesen, widerspricht in keiner Weise einer Annäherung zur Theosophie. Montessori hatte offensichtlich keine Schwierigkeiten damit, katholische Religiosität mit dem durch die Synthese zentraler Glaubenswahrheiten der Weltreligionen gewonnenen theosophischen Religionsbegriff in eins zu denken. Eine gewisse Sympathie für theosophisches Gedankengut schließt, zumindest im Verständnis Montessoris, nicht notwendig eine Geringschätzung oder gar Ablehnung der katholischen Kirche und ihrer Lehre ein. Es geht hier nicht um ein Entweder-Oder, sondern vielmehr um ein Sowohl-Als auch.

Hinsichtlich des Argumentes der großen Wertschätzung der Montessori-Pädagogik durch die katholische Kirche müssen wir allerdings zur Kenntnis nehmen, dass Montessori die gleiche Wertschätzung auch von hinduistischen und buddistischen Theologen und von zahlreichen anderen weltanschaulichen Gruppen erfahren hat und in ganz besonderem Maße und mit ungebrochener Kontinuität gerade auch durch die Theosophische Gesellschaft.

3. Auf den Spuren von Aristoteles

Die dritte Position stellt Montessori in die Tradition einer metaphysischen Naturdeutung im Anschluß an Aristoteles. Susanne Heine[21] verweist auf die zentrale Bedeutung des Begriffs der *Natur* bei Montessori und zeigt, dass Montessori bereits sehr früh ihre empirischen Forschungen mit einem metaphysischen Naturverständnis zu verbinden wußte, ohne damit, im Gegensatz zu vielen ihrer Rezipienten, nennenswerte Schwierigkeiten zu haben. Susanne Heine versucht dies mit dem Rückgang auf die aristotelische Metaphysik zu erklären. Aristoteles beginnt seine Naturphilosophie mit der genauen Beobachtung der vorliegenden Wirklichkeit, wobei ihn jedoch nicht so sehr die physikalischen Gesetzmäßigkeiten interessieren, sondern vielmehr der Bauplan des Ganzen, des sichtbaren Kosmos. Aristoteles entwirft so seine Form – Materie Theorie; das formgebende Prinzip ist aktiv, trägt das Siegel; die Materie ist der Siegellack, bildet den formlosen Stoff. Wenn nun ein Individuum in Erscheinung tritt, als Pflanze, Tier oder Mensch, trägt es die von der Natur vorgesehene Form in sich, die sich im Zuge des Wachstumsprozesses entfaltet. Das Formprinzip drängt darauf, sich vollkommen zu entwickeln. Mit diesem Exkurs auf Aristoteles will Susanne Heine zeigen,

dass die beobachtende Vernunft einem metaphysischen Ansatz nicht widersprechen muß. Mit ihrer Beobachtung einer entelechialen und eigendynamischen Entwicklungskraft nicht nur in jedem Lebewesen, sondern im ganzen Kosmos, steht Montessori in der logischen Folge dieses metaphysischen Denkansatzes.
Susanne Heine kommt freilich von daher zu der Feststellung, dass bei Montessori die Selbstmächtigkeit menschlichen Handelns dem eigendynamischen Gang der Natur untergeordnet wird. Diese These Susanne Heines, die das Herzstück der Montessori-Pädagogik berührt und letztendlich über die Interpretationsweise entscheidet, wollen wir einer kritischen Prüfung unterziehen, indem wir uns über die von Montessori ausgewiesene Stellung des Menschen im Kosmos Klarheit verschaffen.
Wie wir bereits dargestellt haben, erfüllt jedes Lebewesen innerhalb der Natur mit seinen Mühen um Selbst- und Arterhaltung zugleich und unbewußt eine kosmische Aufgabe, die der Erhaltung des harmonischen Gleichgewichtes in der Schöpfung dient. Insofern das Tier dabei göttlichen Direktiven folgt, erscheint sein Verhalten nicht nur als zweckmäßig, sondern geradezu als „intelligent". Die Sonderstellung des Menschen sieht Montessori darin, dass er sich im Gegensatz zum Tier nicht nur intelligent verhält, sondern über Intelligenz verfügt: „Wenn Gott die Wesen intelligent bewegt, gibt er dem Menschen Intelligenz selbst. Wenn es eine göttliche Kommunikation zwischen allen erschaffenen Wesen gibt, gibt es hier eine unmittelbare. Es ist, als ob der Mensch allein verstünde, daß er die Richtung einschlagen muß."[22]
Zwei Worte sind es in diesem Zitat, die mich haben aufhorchen lassen und an denen sich letztendlich die Stellung des Menschen im Kosmos entscheidet: *Kommunikation* und das letzte unscheinbare Wörtchen *muß*. Gibt es in Montessoris kosmischem Konzept wirklich einen Dialog zwischen Gott und Mensch, und wie steht es mit der zutiefst philosophischen Frage nach der menschlichen Freiheit?
Montessori rechnet den Menschen nicht nur zu den kosmischen Wirkkräften, sondern für sie ist der Mensch „der aktivste der kosmischen Kräfte", der nicht nur wie die Tiere der Erhaltung der Schöpfung dient, sondern darüber hinaus verändernd und gestaltend auf die Natur einwirkt, die Hervorbringungen der Natur verfeinert und vervollkommnet und durch die Schaffung einer Supra-Natur die menschliche Gesellschaft ihrer eschatologischen Vollendung zuführt, die Montessori mit ihrer Vision einer humanen, durch friedliche Koexistenz charakterisierten universalen Menschheit umschreibt. Die ihm zugeteilte kosmische Aufgabe kann der Mensch nur dann erfüllen, wenn er sich seiner kosmischen Wirkkraft bewußt wird und wenn er in Analogie zur Naturbetrachtung auch die menschliche Gesellschaft als einen natürlichen Organismus sieht, in dem ungeachtet aller nationalen Unterschiede jeder von jedem abhängig ist und jeder Mensch zur Existenz der einen Menschheit beitragen muß. Mit dem Auftreten

des Menschen erreichte die Evolution eine neue Qualitätsstufe; der Mensch schafft Kultur, indem er die Natur erobert, in Besitz nimmt und gestaltet. Als „Hauptagent Gottes“ ist der Mensch dazu berufen, mit Hilfe seiner Intelligenz das Schöpfungswerk Gottes fortzusetzen und zu vollenden.

II. Kosmische Theorie als Interpretationsmodell für Mensch und Gott?

Es ist durchwegs allen Interpreten der kosmischen Theorie Montessoris eigen, dass sie, den emphatischen Ton Montessoris anstimmend, von der sittlichen Weltverantwortung und dem kreativen Welthandeln des Menschen reden, ohne die kritische Rückfrage an Montessori zu stellen, wie es denn nun wirklich mit der menschlichen Freiheit und damit seiner Verantwortung gegenüber der Welt bestellt ist. Ist der Mensch innerhalb ihrer metaphysischen Weltdeutung tatsächlich, wie es in der christlichen Tradition lautet, als Ebenbild des Schöpfergottes dazu berufen, freischöpferisch und in sittlicher Autonomie Welt nach seinen Ideen zu gestalten, wodurch laut Schleiermacher Welt für den Menschen überhaupt erst eine sinnbestimmte wird, oder erschöpft sich die Vernunftleistung des Menschen darin, die göttlichen Schöpfungsgesetzmäßigkeiten zu erkennen und gehorsamst zu befolgen? Die Beantwortung dieser Frage wird uns auch der Klärung des Problems des Ursprungs ihres religiösen Denkens etwas näher bringen. Ich möchte in diesem Zusammenhang auf Montessoris Schrift „Gott und das Kind“ zu sprechen kommen, da uns das dort skizzierte Verhältnis zwischen dem Erwachsenen und dem Kind wichtige Rückschlüsse auf das Verhältnis des Menschen zur Schöpfung erlaubt. Innerhalb dieser Schrift wird die Entwicklung des Kindes als ein Schöpfungsakt Gottes interpretiert. Gott hat mit dem inneren Bauplan im Kind bestimmte Entwicklungsgesetze festgelegt, die sowohl seine leibliche als auch seine seelische Entwicklung leiten und bestimmen.
„Gott offenbart seinen Willen einerseits durch übernatürliche Offenbarung, andererseits durch die Natur der Wesen, die durch ihn erschaffen sind. Aber wie immer Gott seinen Willen offenbart, wir müssen darauf hören. Wenn man die Gesetze der Entwicklung des Kindes entdeckt, so entdeckt man den Geist und die Weisheit Gottes, der im Kind wirkt. Wir müssen die objektiven Bedürfnisse des Kindes achten, als etwas, was Gott selbst uns zu befriedigen auferlegt. Dies ist der wahre pädagogische Geist, denn es bedeutet, daß man die göttliche Weisheit selbst durch das Verhalten der Erzieher verwirklicht. Wenn wir im Rufe der Natur den Ruf Gottes erkennen, dann werden wir immer bereit sein, diesen Bedürfnissen zu entsprechen. Dann werden wir sehen, daß wir uns auf diese Weise den Plänen Gottes zur Verfügung stellen und daß wir so am Werk Gottes Anteil haben.“[23]

Der Aufruf, die göttlichen Gesetze der Schöpfung zu achten, ergeht nicht nur an den Erzieher, der im Kind das Schöpfungswerk Gottes sieht, sondern er richtet sich auch an den Menschen im Hinblick auf sein Handeln gegenüber der Schöpfung. Hier wie da geht es darum, den Willen Gottes in seiner Schöpfung zu erkennen, den Ruf der Natur als Ruf Gottes zu interpretieren und sich den göttlichen Plänen, die sich sowohl in der Natur als auch in der Geschichte als eigendynamische Prozesse realisieren, als Werkzeug zur Verfügung zu stellen. An keiner anderen Stelle kommt diese Sicht Montessoris treffender zum Ausdruck als in der folgenden: „Das Geheimnis der Erziehung ist, das Göttliche im Menschen zu erkennen und zu beobachten, das heißt, das Göttliche im Menschen zu erkennen, zu lieben und ihm zu dienen; zu helfen und mitzuarbeiten von der Position des Geschöpfes und nicht der des Schöpfers. Wir haben das göttliche Werk zu fördern, aber nicht uns an seine Stelle zu setzen, da wir sonst zu Verführern der Natur werden."[24]

Genau darin sieht Montessori die Ursache für das Fehlverhalten des Erwachsenen gegenüber dem Kind, dass er sich in maßloser Selbstüberschätzung zum Schöpfer des Kindes erhebt und das Kind nach seinen Vorstellungen formen und erziehen will und dadurch das göttliche Schöpfungswerk zu zerstören droht.
Die Tatsache, dass sich der Mensch mit seinen technischen Errungenschaften an den Rand eines Abgrundes gebracht hat, so dass er der Gefahr der eigenen Zerstörung zu erliegen droht, gründet nach Montessori in eben jener Anmaßung des Menschen, unerachtet der göttlichen Schöpfungsgesetze in der Natur nach eigenen Vorstellungen und Ideen handeln zu wollen, in der Natur eine modellierbare rohe Materie zu erblicken, die er nach seinen eigenen Zwecksetzungen gebrauchen will. Die Haltung des Menschen gegenüber der Natur sieht Montessori in Analogie zur Haltung des Erwachsenen zum Kind zwar nicht durch Egoismus, jedoch durch Egozentrismus bestimmt, das heißt, der Mensch macht sich selbst zum Maßstab seines Denkens und Handelns und vergißt darüber die geforderte Demut gegenüber den natürlichen Schöpfungsgesetzen. Wurde dem Menschen tatsächlich Macht über die Schöpfung gegeben, so doch nicht, um die Natur für seine Zwecke auszubeuten, sondern um sie in Ehrfurcht vor den kosmischen Gesetzen zu verwalten und sie in die Kulturwelt als Lebenswelt des Menschen zu verwandeln.

III. Fazit

Kommen wir abschließend noch einmal auf das oben erwähnte Zitat zurück. „Wenn es eine göttliche Kommunikation zwischen allen erschaffenen Wesen gibt, gibt es hier eine unmittelbare." Kommunikation ja, insofern der Mensch im

Gegensatz zum Tier mit Hilfe seiner Vernunft den Ruf der Natur als Ruf Gottes vernehmen kann, *aber keinen echten Dialog zwischen Gott und Mensch*, so wie es innerhalb von Montessoris Erziehungsverständnis *keinen echten Dialog zwischen Erzieher und Zögling* zu geben braucht: „Es ist, als ob der Mensch allein verstünde, daß er diese Richtung einschlagen muß."[25]

Will der Mensch der Apokalypse eines neuen Weltkrieges oder der Naturzerstörung entgehen, dann muß er sich den göttlichen Gesetzen beugen, die sich im Verständnis Montessoris nicht nur in der Natur, sondern auch in der Evolution der menschlichen Gesellschaft zeigen. Der sich an dieser Stelle aufdrängenden Frage nach Gut und Böse und damit nach der Freiheit des Menschen geht Montessori aus dem Weg, indem sie das Fehlverhalten des Menschen gegenüber der Schöpfung als Bewußtlosigkeit interpretiert, das heißt, der Mensch hat sich nicht bewußt gegen die göttliche Schöpfungsordnung gestellt, sondern war sich bislang seiner kosmischen Aufgabe und der kosmischen Ordnung nicht bewußt; so wie sich für sie auch das Deviationen hervorrufende Fehlverhalten des Erwachsenen gegenüber dem Kind damit entschuldigen läßt, dass sich der Erwachsene seiner schädigenden Einflüsse gar nicht bewußt ist, weil er zu wenig über die kindliche Entwicklung weiß und von daher die kindlichen Äußerungen nicht richtig deuten kann. So wie auf der einen Seite eine „Erziehung der Erzieher" Abhilfe schaffen soll, so auf der anderen Seite eine intensive Einführung in die kosmische Weltsicht, für die Montessori ein eigenes didaktisch-methodisches Konzept erarbeitet hat. Religiöse Erziehung wird also bei Montessori im Grunde mit kosmischer Erziehung in eins gesetzt.

Ich bringe abschließend die Quintessenz meiner Ausführungen auf den kleinsten gemeinsamen Nenner: Die Erörterung dreier Lösungsvorschläge für das Problem der religiösen Erziehung hat ergeben, dass keiner dieser Lösungsversuche allein die Tiefe des Problems ausschöpft; jedem können die beiden anderen entgegengehalten werden. Daraus läßt sich der wenig befriedigende Schluß ziehen, dass es Montessori entweder bewußt vermieden hat, sich hinsichtlich der Rolle der Religion in ihrer Pädagogik festzulegen, um auf diese Weise – sei es pragmatisch, sei es opportunistisch – ihre Methode den jeweiligen konfessionellen Umständen anzupassen[26]; oder aber, dass es ihr bei ihrem additiven Eklektizismus nicht gelungen ist, die verschiedenen Denkansätze in eine systematische Ordnung zu bringen. Mir erscheint am meisten plausibel, dass Montessoris Denken von Grund auf und von Anfang an physikotheologisch bestimmt war und sie sich von dieser Bestimmung zeitlebens nie befreit hat. Wenn diese Deutung zutrifft, heißt das nicht mehr und nicht weniger, als dass man ihre ganze Pädagogik in Theorie und Praxis neu interpretieren muß. Aus dem oft erhobenen Vorwurf des biologischen Naturalismus ergäbe sich dann – ohne ihn zurücknehmen zu müssen – zusätzlich der Vorwurf des theologischen Naturalismus.

Anmerkungen

[1] Dieser Vortrag wurde am 30 August 2002 auf Einladung der Stiftung Fondemos in spanischer Sprache an der Staatlichen Universität Santo Domingo (Dominikanische Republik) gehalten.

[2] Siehe dazu vor allem Winfried Böhm: *Maria Montessori. Hintergrund und Prinzipien ihres pädagogischen Denkens*, Bad Heilbrunn 2. Aufl. 1991.

[3] Horst Klaus Berg: *Montessori für Religionspädagogen*, Stuttgart 1994. Ders.: *Freiarbeit im Religionsunterricht*, Stuttgart 2. Aufl. 1998.

[4] Siehe dazu Winfried Böhms Einführung in die von ihm herausgegebene *Maria Montessori – Bibliographie 1896–1996*, Bad Heilbrunn 1999, S. 7–17.

[5] Maria Montessori: *Kosmische Erziehung*, Freiburg im Br. 1988, S. 20 f.

[6] Axel Holz: *Darwin, Gott und Montessori. Die Kosmische Theorie als pädagogische Ethik*, in: *Das Kind*, Heft 22, 1997, S. 42–67.

[7] Maria Montessori: *Kosmische Erziehung*, Freiburg im Br. 1988, S. 26 f.

[8] Ebda S. 27.

[9] Siehe dazu die umfassende Biographie von Sylvia Cranton: *The Extraordinary Life and Influence of Helena Blavatsky*, New York 1993.

[10] Vgl. Andreas Köpcke-Duttler: *Theosophische Annäherung und jüdische Förderinnen Maria Montessoris*, in: *„Kinder sind anders." Maria Montessoris Bild vom Kinde auf dem Prüfstand*, hrsg. Von Waltraud Harth – Peter, Würzburg 2. Aufl. 1997, S. 129–152.

[11] Man beobachte, wie oft und wie zentral Montessori in ihren Schriften und Vorträgen den Begriff der Inkarnation gebraucht.

[12] Vgl. dazu Susanne Heine: *Montessori und die Vergottung des Kindes*, in: *„Kinder sind anders." Maria Montessoris Bild vom Kinde auf dem Prüfstand*, hrsg. Von Waltraud Harth – Peter, Würzburg 2. Aufl. 1997, S. 227–243.

[13] Maria Montessori: *Frieden und Erziehung*, Freiburg im Br. 1973, S. 28.

[14] Ebda, S. 28.

[15] Ebda, S. 29 f.

[16] Ebda, S. 29 f.

[17] Siehe dazu Andreas Lischewski: *Kinder, die in der Kirche leben*, in: *Das Kind*, Heft 9, 1. Halbjahr 1991,
S. 9–29.

[18] Vgl.: Winfried Böhm: *Maria Montessori. Hintergrund und Prinzipien ihres pädagogischen Denkens*, Bad Heilbrunn 2. Aufl. 1991.

[19] Paul Oswald: *Kosmische Erziehung in der pädagogischen Theorie Maria Montessoris*, in: *Beiträge zur Montessoripädagogik 1977*, hrsg. von Paul Scheid und H. Weidlich, Stuttgart 1977, S. 122–138.

[20] Günter Schulz-Benesch: *Über Montessoris persönliches Verhältnis zu Religion und Kirche*, in: *Maria Montessori: Gott und das Kind*, Freiburg im Br. 1995, S. 193–210.

[21] Susanne Heine: *Montessori und die Vergottung des Kindes*, in: *„Kinder sind anders." Maria Montessoris Bild vom Kinde auf dem Prüfstand*, hrsg. von Waltraud Harth – Peter, Würzburg 2. Aufl. 1997, S. 227–243.

[22] Maria Montessori: *Kosmische Erziehung*, Freiburg im Br. 1988, S. 17.

[23] Maria Montessori: *Gott und das Kind*, Freiburg im Br., S. 28.

[24] Maria Montessori: A.a.O.

[25] Maria Montessori: *Kosmische Erziehung*, Freiburg im Br. 1988, S. 17.

[26] Das ist eine Vermutung, die zuletzt Heléne Leenders geäußert hat. Siehe Heléne Leenders: Der Fall Montessori., Bad Heilbrunn 2002.

Birgitta Fuchs

Ursprung, Intention und Grenzen der Kosmischen Theorie Maria Montessoris

Der folgende Vortrag[1] greift ein für die Pädagogik Maria Montessoris ganz zentrales Thema auf und möchte thesenartig eine mögliche Sicht des Ursprungs, der Intention und der Grenzen der Kosmischen Theorie Maria Montessoris zur Diskussion stellen. Die erkenntnisleitende Frage könnte folgendermaßen lauten: Kann die kosmische Weltsicht Maria Montessoris und die von ihr vorgelegte Interpretation der sozialen Evolution des Menschen heute noch ungeprüft als tragfähige Basis unseres Nachdenkens über die Erziehung und Bildung des Menschen dienen, oder muß nicht vielmehr an die Stelle der Verkündigung einer von Gott geschaffenen und verbürgten kosmischen Weltordnung die Konfrontation mit pluralen Weltdeutungen und der kritische Diskurs über eine mögliche gemeinsame Weltsicht treten?[2]

I. Der Ursprung der Kosmischen Theorie Maria Montessoris

Maria Montessoris Studium und der Aufbau ihres überwiegend durch einen naturwissenschaftlichen Zugang charakterisierten pädagogischen Denkgebäudes fällt in eine Zeit des kulturellen und pädagogischen Umbruchs, der nicht nur durch politische und soziale, sondern vor allem durch das Aufblühen der modernen Naturwissenschaften heraufbeschworene Paradigmenwechsel in der Wissenschaft gekennzeichnet ist. Der von David Hume und Auguste Comte begründete Wissenschaftspositivismus wird zur dominanten Wissenschaftstheorie, ganz besonders im Italien nach der nationalen Einigung. Mit seinem *Dreistadiengesetz,*[3] das die geschichtlichen und systematischen Entwicklungstufen menschlicher Erkenntnis von der Theologie über die Metaphysik zur positiven Wissenschaft nachzeichnet, läutet Comte das Zeitalter empirischer Forschung und die Befreiung des menschlichen Geistes aus der Bevormundung durch Theologie und spekulative Philosophie ein. Die wissenschaftliche Erkenntnis zielt zunehmend auf ein technisch anwendbares Verfügungswissen, das im Dienst des kulturellen Fortschritts und einer sukzessiven Verbesserung menschlicher Lebensverhältnisse steht. Mit Auguste Comte teilt Montessori die Beurteilung der spekulativen Philosophie und der Theologie als überholte Erkenntnisstadien des menschlichen Geistes und betont, dass sich das menschliche Erkenntnisstreben ausschließlich auf das zu richten habe, was ihm faktisch zugänglich ist, nämlich die exakte Beobachtung und den experimentierenden Umgang mit der Wirklichkeit als einzig legitimen Grundlagen wissenschaftlicher Erkenntnis.

An die Stelle philosophischer Spekulation tritt eine rationale Positivität, die sich auf die möglichst exakte Formulierung überprüfbarer Gesetzmäßigkeiten beschränkt. Das von Comte formulierte allgemeine „Denk-Prinzip", das der Erkenntnis den Weg von der empirischen Beobachtung über die Formulierung synthetischer Urteile zur technischen Anwendung weist, bildet auch für Montessori das grundlegende Schema wissenschaftlicher Erkenntnis, und zwar vom Beginn bis zum Ende ihres wissenschaftlichen Lebenswerkes.

Maria Montessori ordnet sich nicht nur der Denktradition des italienischen Positivismus ein, sondern sieht sich auch dem Denken der französischen Aufklärung verpflichtet, das sich in dem Gedanken der zunehmend rationalen Gestaltung menschlicher Lebenspraxis und in einem nahezu unbegrenzten Vertrauen in die menschliche Rationalität niederschlägt. Die Lösung drängender Menschheitsprobleme rückt durch positive Ursachenforschung und das Auffinden und Formulieren allgemeiner Gesetzmäßigkeiten in greifbare Nähe.[4] So kann Montessori davon überzeugt sein, dass die wissenschaftlich aufgeklärte Begleitung der kindlichen Selbstentfaltung das vollkommen entwickelte und von allen Deviationen befreite Individuum hervorbringen wird.[5] Die Vorstellung einer umfassenden Normalisierung der Menschheit durch Erziehungstherapie und Hygiene erweist sich für Montessori als zentrales und beständiges Motiv pädagogischen Forschens und Handelns. Montessori versteht ihre Erziehungsmethode von daher als eine „erste Keimzelle der positiven Wissenschaft" und die von ihr geschaffenen Kinderhäuser als „Laboratorien der Humanwissenschaft" und die Schule als ein „Laboratorium der Menschheit".

Bei aller Fortschrittsgläubigkeit sieht Montessori jedoch auch die Grenzen positiver Forschung und die durch sie heraufbeschworene Krise im Selbst- und Weltverständnis des Menschen. Die Vorstellung von einer technischen Machbarkeit von Mensch und Welt fragt weder nach dem menschlichen Sollen noch nach der Wesensbestimmung des Menschen. Die Vernachlässigung dieser Frage führt konsequenterweise zu einem Pluralismus der Weltanschauungen bis hin zu einer absoluten Subjektivierung einer für alle verbindlichen Werteordnung.[6]

Wie Auguste Comte erkennt Montessori in dem durch das positivistische Paradigma moderner Wissenschaft heraufbeschworenen Pluralismus der Weltanschauungen und in dem damit verbundenen Verlust der geistigen Einheit einen wesentlichen Grund für die Krise der modernen Gesellschaft. Die Menschen ähneln, einem Bild Montessoris zufolge, Sandkörnern in der Wüste, die nur lose übereinandergehäuft sind und völlig voneinander isoliert existieren. Die zunehmende soziale Isolation und Entfremdung des Menschen als Resultat eines Zustandes der „geistigen Zerrüttung“ soll durch das Einschwören auf ein kollektives und universales Ziel und auf eine gemeinsame kosmische Weltanschauung behoben werden. Hinter Montessoris kosmischer Theorie verbirgt sich die rückwärtsgewandte Sehnsucht, eine einheitliche Weltsicht wiederzugewinnen und die heranwachsende Generation auf ein harmonisierendes und holistisches Weltbild festzulegen.

Maria Montessori ersehnt sich eine Vermittlung von moderner Wissenschaft und christlichem Weltbild, von menschlicher Rationalität und christlicher Dogmatik und greift dabei auf eine Deutung der Evolution zurück, die bereits von dem deutschen Geologen Friedrich Ratzel, dem Biologen Jean-Henri Fabre und dem angesehenen italienischen Geologen und Naturphilosophen Antonio Stoppani vorgelegt wurde. Stoppani, ein Onkel Maria Montessoris, hatte Zeit seines Lebens um eine Versöhnung der modernen naturwissenschaftlichen Forschung mit den dogmatischen Glaubensaussagen der katholischen Kirche gerungen. Mit seiner Darstellung der Schöpfungsgeschichte, die 1887 in Mailand unter dem Titel „Sulla Cosmogonia Mosaica. Triplice saggio di una Esegesi della storia della Creazione secondo la ragione e la fede“[7] erschienen ist, meinte Stoppani eine Deutung der Evolution vorgelegt zu haben, die sowohl vor der wissenschaftlichen Vernunft als auch vor dem christlichen Glauben zu bestehen vermöchte. In dem naturphilosophischen Denken ihres Onkels fand Montessori den Gedanken einer kosmischen Weltordnung und die Idee einer Interdependenz der Lebensformen bereits ausformuliert vor. Das von Stoppani anschaulich gezeichnete Bild der Natur als eines gutorganisierten Heeres, das im Dienst einer großen kosmischen Aufgabe gehorsam seine Pflicht erfüllt, wird von Montessori fast wörtlich übernommen und immer wieder angeführt.

Ähnlich wie Stoppani erhoffte sich auch der Biologe Jean-Henri Fabre eine Vermittlung von naturwissenschaftlicher und religiöser Weltsicht. Indem er die Natur als Offenbarung einer göttlichen Schöpfermacht interpretiert und sowohl in der Gesetzmäßigkeit der Natur als auch in dem instinktgeleiteten Verhalten der Tiere die göttliche Intelligenz am Wirken sieht, bleibt seine Weltsicht bei aller angestrebten wissenschaftlichen Positivität im Grunde religiös.[8] Diese von Ratzel, Fabre, Stoppani und Montessori angestrebte Vermittlung von wissenschaftlicher Naturerkenntnis und traditioneller christlicher Weltdeutung durch eine *induktive Metaphysik* wurde durch das 1859 erschienene Buch von Charles Darwin „On the Origin of Species“ radikal in Frage gestellt. Darwin ersetzte den Gedanken eines göttlichen Schöpfungsplanes und einer höheren Zweckmäßigkeit in der Evolution durch den Mechanismus der Selektion. Es gibt laut Darwin kein von Gott festgelegtes und sich eigendynamisch verwirklichendes Ziel, der Ausgang der Evolution ist von daher grundsätzlich offen und nicht vorhersehbar.

Wenn Maria Montessori ihre kosmische Weltdeutung als vermeintliche Ergänzung der Evolutionstheorie Darwins versteht, ist sie sich offensichtlich der bis an die Wurzeln gehenden Erschütterung des traditionellen und vormodernen Weltbildes, dem sie selbst bis an ihr Lebensende verhaftet bleibt, nicht bewußt. Montessori unterliegt damit einem Denkfehler, den Jürgen Oelkers ganz allgemein so beschreibt: Allein durch die Annahme einer Teleologie in der Evolution war es dem Gros der reformpädagogischen Ansätze zu Beginn des 20. Jahrhunderts möglich, die evolutive Entwicklung als eine pädagogische Kategorie zu begreifen. Evolution bedeutet in dieser pädagogischen Hinsicht „prospektiven Fortschritt" und nicht „biologische Kontingenz". Das Ziel der Evolution wird zwar naturmetaphysisch bestimmt, nimmt aber die Überzeugungskraft empirischer Forschung für sich in Anspruch. Die Annahme einer Teleologie in der Entwicklung läßt sich jedoch gerade nicht, wie Maria Montessori im Anschluß an ihre Gewährsleute glaubte, empirisch, sondern eben nur naturmetaphysisch begründen.[9]
Bereits in ihrer „Pädagogischen Anthropologie" hatte sich Maria Montessori intensiv mit den Evolutionstheorien ihrer Zeit auseinandergesetzt. Sie kannte sowohl die bedeutende Schrift von Le Dantec „Theorie nouvelle de la vie" aus dem Jahre 1896 als auch die Evolutionstheorie Leon Laloys, die er 1902 in seinem Buch „L'évolution de la vie" dargelegt hat. Den größten Einfluß auf Montessoris eigene Deutung der Evolution hatte aber nachweisbar die monistische Evolutionstheorie Ernst Haeckels, der in seinem religiös-biologisch begründeten evolutionären Materialismus die Frage nach dem Sinn wiedergewinnen wollte. Jan Weisser charakterisiert die „naturgemäße Weltanschauung" Haeckels als evolutiv und monistisch, nicht als Fachwissenschaft und schon gar nicht als Konfession. Haeckel wolle Empirie und Spekulation zusammenführen und sei somit weder Materialist noch Spiritualist, sondern beides zusammen: Monist.[10] Wie Haeckel vollzieht auch Montessori eine „naturale Wendung" des Denkens. Die Natur als Einheit von Geist und Materie wird für Montessori zur Ordnungsgröße des Wissens und nicht, wie Weisser im Hinblick auf Haeckel zeigt, das wissenschaftliche Verfahren und auch nicht die kirchliche Dogmatik, wenngleich die „Arbeitsweise dieser entspricht, einfach um den Anschein von Empirie bereichert".[11]
Während für Darwin der weitere Verlauf der Evolution grundsätzlich nicht vorhersehbar ist, weil er sich aus einem unkalkulierbaren „Survival of the Fittest" ergibt, glaubt Montessori, einen göttlichen, sich eigendynamisch realisierenden Schöpfungsplan zu erkennen, der nicht nur der Natur, sondern auch dem kulturschaffenden Handeln des Menschen sein Ziel vorgibt.
Den wahren „Sinn des Lebens" erblickt Montessori weder im Überleben des Stärkeren (*survival of the fittest*) noch in der Vervollkommnung des Individuums, sondern allein in der notwendigen Funktion, die ein Lebewesen für seine Umwelt

spielt. Als finales Ziel der Evolution nennt Montessori die Integration der unterschiedlichen Aufgaben und Funktionen der Lebewesen zu einem harmonischen Ganzen, wie sie es durch das ökologische Gleichgewicht innerhalb der Natur bereits vorbildlich realisiert sieht. Jedes Lebewesen wird so zu einem „Agenten der Schöpfung", der mit seinem klar vorherbestimmten und durch Instinkte abgesicherten Verhalten der Aufrechterhaltung und Stabilisierung der kosmischen Ordnung dient.

In der zunehmenden „funktionalen" Übereinstimmung der verschiedenen Funktionen auf einen „universalen Endzweck" hin sieht Montessori das grundlegende Prinzip jeglicher Form von Entwicklung, sei es im Hinblick auf die Evolution der Natur, die physische und psychische Entwicklung des Kindes oder selbst die soziale Evolution der Menschheit, deren „Endzweck" Montessori in der Hervorbringung einer organisierten Weltkultur im Sinne einer einzigen, universalen und friedvollen Gemeinschaft sieht. Es sei hier nur am Rande bemerkt, dass Montessori einen universalen Frieden nicht im Sinne der Aufklärung als Werk einer politischen Rationalität versteht, sondern evolutionsbiologisch begründet.

Es gibt, so lautet der zentrale Gedanke von Montessoris kosmischer Theorie, eine starke natürliche Evolutionskraft, die, über den Impuls zu überleben hinaus, auf die Harmonisierung der Aufgaben, Funktionen und Tätigkeiten der Lebewesen zielt.

Mit dem Hinweis auf den göttlichen Ursprung der Naturgesetze und damit der Annahme einer göttlichen Schöpfungsordnung verharrt Montessori nach dem Dreistadiengesetz Auguste Comtes in einem von der positiven Wissenschaft bereits als überwunden geglaubten metaphysischen Stadium einer religiösen Naturdeutung, einem Denkmuster also, das zwar einerseits einer religiösen Spekulation verhaftet bleibt, andererseits jedoch vorgibt, durch den Rückgriff auf die naturwissenschaftliche Forschung dem Anspruch des Rationalen und Gesetzmäßigen zu entsprechen.[12] Während sich für Comte die positive Philosophie darauf zu beschränken hat, durch das Auffinden konstanter Beziehungen unter den beobachteten Phänomenen allgemeine Gesetzmäßigkeiten zu gewinnen, und sich dabei jeglicher metaphysischer Deutung enthält, besteht die wesentliche Aufgabe wissenschaftlicher Naturerkenntnis für Montessori darin, eine der Natur immanente göttliche Ordnung zu erkennen. Maria Montessori bewegt sich also nur scheinbar auf der Höhe des Positivismus. Tatsächlich steht sie in einer Denktradition, die in der Geschichtsschreibung als *Physikotheologie* bezeichnet wird. Dieses Denken schließt von der in der Natur durchgängig zu beobachtenden Ordnung und Zweckmäßigkeit auf das Dasein eines Schöpfergottes. Seine Hochzeit erlebte dieses physikotheologische Denken im 17. Jahrhundert.[13] In seinem 1714 erschienen Buch „Physicotheology" verweist W. Derham auf eine bewundernswerte Harmonie in der Schöpfung, die sich in dem harmonischen Ineinandergreifen der Weltelemente offenbart. Diese kosmische Ordnung interpretiert Derham als Werk eines göttlichen Geometers, der seiner Schöpfung sowohl ein ordnendes Prinzip als auch ihr Telos mitgegeben hat. Der Physiker Robert Boyle gründete angeblich sogar eine Stiftung, die den Zweck verfolgte, mit Hilfe der wissenschaftlichen Forschung die Existenz Gottes und seiner göttlichen Eigenschaften „aus dem zweckmäßigen Bau und dem ordentlichen Lauf der Natur" zu beweisen.[14]

II. Die Intention der Kosmischen Theorie Maria Montessoris

In dieser physikotheologischen Denktradition steht auch Maria Montessori, wenn sie die Erkenntnis Gottes unmittelbar an die naturwissenschaftliche Forschung bindet: „Es scheint, daß es (...) etwas gibt, was die gesamte Menschheit einbezieht, oder vielleicht noch mehr: das Universum selbst, die Schöpfung, die universale Harmonie. Dieses Etwas könnte als eine religiöse Idealität verstanden werden. Aber wovon ich spreche, ist die Möglichkeit, diese einheitliche und universale Mission in der Wissenschaft zu erkennen."[15]

In ihrem 1937 in Kopenhagen gehaltenen Vortrag zu dem Thema „Erziehung für den Frieden" läßt Montessori keinen Zweifel darüber aufkommen, dass für sie der Weg zu Gott und zu seinem kosmischen Schöpfungsplan über die naturwissenschaftliche Erkenntnis führt. Montessori bezieht sich damit explizit auf einen physikotheologischen Beweis der Existenz Gottes, der von einer in der Natur aufzufindenden Ordnung und Zweckrationalität auf einen Schöpfergott zurückschließt. Die Schöpfung erscheint als das Werk eines „himmlischen Geometers", der die Welt nach einer streng mathematischen Ordnung intelligent geschaffen hat und durch seine Schöpfung für den Menschen zugänglich wird. Dem Menschen wird innerhalb dieser physikotheologischen Argumentation die Möglichkeit eröffnet, aufgrund seiner Teilhabe an der göttlichen Intelligenz diese logische Ordnung auf dem Weg positiver Naturforschung zu erkennen und in Form von allgemeinen und zeitlosen Naturgesetzen zu formulieren.

Die jedem vernunftbegabten Menschen grundsätzlich mögliche Annäherung an Gott über den Weg der naturwissenschaftlichen Erkenntnis stellt Montessori sowohl über die philosophische Reflexion als auch über die einzelnen Offenbarungsreligionen, da allein eine solche „Wissenschaftsreligion" dem Streit der Konfessionen ein Ende zu bereiten und die von Montessori ersehnte Einheit der Menschheit auch in spiritueller Hinsicht zu verwirklichen vermag. Montessori ist davon überzeugt, mit ihrer von Auguste Comte entliehenen Idee einer Wissenschaftsreligion die notwendige Synthese von wissenschaftlicher Erkenntnis und christlichem Glauben tatsächlich geleistet zu haben. Die Religion des modernen Menschen charakterisiert Montessori in ihrem Buch „Schule des Kindes" ganz im positivistischen Sinne als eine mit dem wissenschaftlichen Fortschritt wachsende Religion, die sich nicht durch die hermeneutische Auslegung göttlicher Offenbarung, sondern allein durch die positive Naturforschung immer mehr läutert und erhellt.[16]

Montessori rückt mit ihrem Denken unverkennbar in die Nähe des Deismus, einer Denkrichtung, die zwar einen Schöpfergott annimmt, jedoch davon überzeugt ist, dass nach der Schöpfung keinerlei Eingriffe durch diesen Gott in den weiteren Verlauf der Evolution erfolgen, so dass in letzter Konsequenz der Mensch die Schöpfung als deren Krone vollendet und, wie Montessori hinzufügt, „zum wirkenden Austeiler des Segens Gottes" wird. Im Menschen erkennt Montessori die „aktivsten der kosmischen Kräfte", da er nicht nur wie die Tiere unbewußt und mit innerer Notwendigkeit der Erhaltung eines ökologischen Gleichgewichts in der Schöpfung dient, sondern mit dem Instrumentarium der modernen Wissenschaft der Welt ein neues bzw. ihr eigentliches Gesicht verleihen kann.

Die wahre Natur des Menschen und seine Stellung im Kosmos erschließt sich für Montessori durch seine Ähnlichkeit und gleichzeitige Unterschiedenheit von der göttlichen Kreativität.

Während im Verständnis Montessoris allein dem göttlichen Denken die im eigentlichen Sinne *kreative* Eigenschaft zukommt, aus dem Nichts (*creatio ex nihilo*) eine völlig neue und einmalige Schöpfung hervorzubringen, bleibt der Mensch in seiner welterkennenden und weltverändernden Funktion auf die Reproduktion der göttlichen Ordnungsstrukturen beschränkt.

Gleichwohl ist der Mensch dazu berufen, an Stelle Gottes und in seinem Sinne die Schöpfung zu beschleunigen und zu vervollkommnen, indem er durch die wissenschaftliche Erfahrung immanenter Gesetzmäßigkeiten eine zunehmende „Kontrolle über das Leben selbst" auszuüben vermag. Der Zukunftstraum Montessoris lautet: gleich einem Gott wird der Mensch zum uneingeschränkten Herrn über das Leben, nachdem die Biologie, näherhin die Embryologie und die Genforschung, die letzten Geheimnisse des Lebens entschlüsselt und für den Menschen verfügbar gemacht haben. Durch die unhinterfragte Ineinssetzung von physischer und psychischer Entwicklung des Kindes (hier wirkt sich der Haeckelsche Monismus aus!) wird auch die geistige Entwicklung von außen steuerbar und manipulierbar, so dass Montessori voller Überzeugung ausrufen kann: ein neuer, göttlicher Mensch ist für eine neue, bessere Welt mit Hilfe moderner wissenschaftlicher Forschung technisch machbar. Diese Hoffnung bringt Montessori in folgendem Zitat ungeschminkt zum Ausdruck: „... das Studium der Embryologie ist nicht länger abstrakt und fruchtlos. Wenn wir uns überlegen, daß die psychische Entwicklung einen ähnlichen Weg geht, können wir uns vorstellen, daß der Mensch, der heute das Leben beeinflußt und neue, höher entwikkelte Arten züchtet, auch die psychische Bildung des Menschen unterstützen und kontrollieren kann."[17]

Als „Hauptagent Gottes" ist der Mensch zwar dazu berufen, mit Hilfe seiner Intelligenz das göttliche Schöpfungswerk fortzusetzen und zu vollenden, er steht mit dieser Aufgabe jedoch ganz im Dienste des göttlichen Evolutionsplanes und weiß sich an den Schöpfungswillen Gottes gebunden, der sich in der kosmisch-naturgesetzlichen Ordnung kundgibt. Das Subjekt des Geschichtsverlaufes ist somit nicht der freischaffende Mensch, sondern Gott, der den Menschen als gefügiges Werkzeug seines Willens in seinen kosmischen Plan zu integrieren weiß. Damit verkennt Montessori jedoch gerade das Spezifische des christlichen Glaubens, der mit aller Entschiedenheit den Primat der subjektiven Freiheit vor dem Primat kosmisch-naturgesetzlicher Notwendigkeit und damit des Besonderen vor dem Allgemeinen betont. An die Stelle der Notwendigkeit setzt der christliche Glaube „die Freiheit als Konstruktionsprinzip der Welt", die sich von daher niemals vollständig auf eine mathematische Logik reduzieren läßt, sondern deren grundsätzliche „Unberechenbarkeit als Implikat der Freiheit" erscheint.[18] Die kosmische Stellung des Menschen zwischen subjektiver Freiheit und biologisch-sozialer Determination, zwischen der Last der Verantwortung gegenüber der Schöpfung und der willenlosen Realisierung des kosmischen Planes, wird durch Montessoris Idee menschlicher Moralität näher bestimmt.

Die in sich widersprüchliche Verwendung des Naturbegriffs zeigt sich hier mit aller Deutlichkeit. Einerseits steht Natur dem Menschen als roher Stoff für seine poietische Gestaltungskraft zur Verfügung und wird durch den gezielten Eingriff des Menschen über ihre eigenen immanenten Zielsetzungen hinaus gestaltet und vervollkommnet. Auf der anderen Seite erhebt die Natur als Offenbarung der göttlichen Schöpfungsordnung normative Ansprüche gegenüber dem Menschen. Diese Spannung wird von Montessori dadurch gelöst, dass sie die kollektive kosmische Funktion des Menschen mit der „mystischen Aufgabe" umschreibt, in vollkommener Übereinstimmung mit dem in der Natur sich manifestierenden göttlichen Evolutionsplan die Natur zu gestalten und die Schöpfung zu vollenden. Die Frage nach der Freiheit des Subjekts und seiner ethischen Verantwortung wird dabei von Montessori einseitig und höchst einschränkend beantwortet: die Vernunftleistung des Menschen und seine sittliche Freiheit reduzieren sich auf die Erkenntnis und Anerkenntnis einer vorgegebenen göttlichen Ordnung. Das Vermögen seiner imaginativen Intelligenz wird auf die Rekonstruktion einer der Natur immanenten Gesetzmäßigkeit eingeschmolzen und sein Handeln an diese kosmische Ordnung gefesselt. Eine Abweichung von der kosmischen Ordnung bezeichnet Montessori als „Sünde der Intelligenz", deren Verfehlung sie darin sieht, dass sie sich in autonomer Selbstbestimmung an die Stelle Gottes setzen will und damit in „Ohnmacht, Sklaverei und Unglück" verfällt.[19] Die

Rückbindung menschlicher Imagination an den göttlichen Schöpfungsplan wird durch die positiven Wissenschaften geleistet, die als solche die „Erlösung des Denkens“ und die „Reinigung von seiner Erbsünde“ durch die Eliminierung jeglicher subjektiver und willkürlicher Zwecksetzungen ermöglichen.
Sittliches Handeln gründet damit für Montessori nicht in der Autonomie des Subjekts, das sich freitätig Zwecke setzt und sich durch Wahl und Entscheidung an die regulative Idee der Sittlichkeit bindet, sondern in einer demütigen und willenlosen Haltung gegenüber den determinierenden Naturgesetzen, welche die Entwicklung des Universums und damit auch unsere Weltordnung bestimmen. Der Mensch ist gut, wenn er sich im Einklang mit den göttlichen Schöpfungsgesetzen befindet. An dieser rein naturalistischen Beurteilung menschlicher Moralität hält Montessori auch noch in ihrem Alterswerk „Über die Bildung des Menschen“ fest, wenn sie mit geradezu entwaffnender Einfachheit schreibt: „Bevor man gut sein kann, muß man sich der Ordnung der Gesetze der Natur (sic!) fügen.“[20]

III. Die Grenzen der Kosmischen Theorie Maria Montessoris

Maria Montessoris pädagogisches Denken oszilliert also zwischen einem ungetrübten Vertrauen in die Errungenschaften positiver Wissenschaft und einer ehrfurchtsvollen Haltung gegenüber den der Wissenschaft verschlossenen „Geheimnissen des Lebens“. Einerseits vertraut Montessori uneingeschränkt menschlicher Rationalität, andererseits erhofft sie sich das Heil der Welt gerade durch einen Sieg der göttlichen Natur über die menschliche Vernunft. Diese Spannung in ihrem Denken wurde von ihr nicht gelöst, ja nicht einmal gesehen. Die innere Widersprüchlichkeit ihres Denkens zeigt sich besonders deutlich an ihrer ungenauen Begrifflichkeit. So wird beispielsweise der für ihr Denken zentrale Begriff der Natur an keiner Stelle differenziert: Natur meint einmal im ontologischen Sinn die Wesensbestimmung des Menschen und dient an anderer Stelle als Synonym für die dem poietischen Zugriff des Menschen verfügbare und veränderbare Wirklichkeit. Innerhalb der Kosmischen Theorie erscheint die Natur als Repräsentant einer göttlichen Schöpfungskraft und wird dadurch zur normativen moralischen Kategorie. Die offensichtlichen Schwierigkeiten einer Deutung ihres pädagogischen Denkens sind nicht zuletzt darauf zurückzuführen, dass Montessori gleichzeitig sowohl mit einem biologischen als auch mit einem metaphysischen Naturbegriff operiert, ohne beide exakt zu unterscheiden und ihre durchaus kontroversen Konsequenzen für das Erziehungsverständnis deutlich werden zu lassen. Während der biologische Naturbegriff zur Theorie des immanenten Bauplanes führt und die Erziehung auf eine sich an medizinischen und biologischen Kategorien orientierende Psychohygiene reduziert, resultiert aus dem me-

taphysischen Naturbegriff ein ganz anderes Verständnis von der Erziehung und Bildung des Menschen. Die Erziehung versteht sich hier als die systematische Einführung der Kinder und Jugendlichen in eine bestimmte Weltanschauung, die sich eben nur metaphysisch begründen läßt. Die begriffliche Unentschiedenheit zeigt sich auch an ihrem pädagogischen Schlüsselbegriff der Normalisation. Zum einen gebraucht sie ihn in einem biologischen Kontext und meint mit Normalität das harmonische Zusammenwirken der verschiedenen geistigen Funktionen des Kindes, das sie gegen den Zustand der „Disfunktionalität" abgrenzt; zum anderen verwendet sie ihn als einen metaphysischen Begriff und meint damit die Rückbindung menschlichen Denkens und Handelns an die göttliche Schöpfungsordnung.
Maria Montessori greift – so läßt sich zusammenfassend sagen – auf eine jahrhundertealte naturmetaphysische Deutung von Mensch und Welt zurück und verschreibt sich, so die treffende Analyse von Anne Buck, einer unter dem Deckmantel wissenschaftlicher Exaktheit auftretenden Weltanschauung, deren Charakter als Glaubensaussage Montessori nicht einmal durchschaut.[21] Durch den Rückgriff auf die naturwissenschaftliche Erkenntnis beansprucht Montessori für diesen metaphysischen Hintergrund ihres Denkens eine positive Autorität, die ihm letztendlich nicht zukommen kann.
In dem Maße, in dem sich die aktuelle Montessori-Diskussion einer kritischen Auseinandersetzung mit der Kosmischen Theorie Montessoris und einer dringend erforderlichen Historisierung dieses vormodernen und antiaufklärerischen holistischen Denkens versperrt, erweist sich die Montessori-Pädagogik selbst als eine Weltanschauungspädagogik, und die Frage nach ihrer Aktualität wird – gewollt oder ungewollt – in letzter Konsequenz zu einer Glaubensentscheidung.

Anmerkungen

[1] Vortrag, am 30. September 2001 in Bensberg anläßlich des 40jährigen Jubiläums der Montessori – Vereinigung e.V. bei der Tagung „Montessori – Pädagogik in Deutschland" gehalten und für diese Publikation überarbeitet.

[2] Die im folgenden thesenartig vorgetragenen Gedanken sind dem von mir verfassten Buch: *Maria Montessori. Ein pädagogisches Porträt*, Weinheim 2002, entnommen. In diesem Buch werden diese Thesen nicht nur ausführlich begründet, sondern auch um Montessoris Sozialtheorie bereichert, die sich konsequent aus ihrem kosmischen Denken ergibt.

[3] Vgl. dazu Auguste Comte: *Rede über den Geist des Positivismus*, hrsg. von Iring Fetscher, Hamburg 1994.

[4] Als zwei unter vielen beweiskräftigen Texten siehe dazu Maria Montessori: *Wenn die Wissenschaft einmal Einzug in die Schule halten wird* (1915), in: *Maria Montessori – Texte und Gegenwartsdiskussion*, hrsg. von Winfried Böhm, 5. Auflage Bad Heilbrunn 1996, S. 7–10. Ebenso Maria Montessori: *Il miracolo del bambino*, in: Vita dell' Infanzia, Nr. 7, 1998.

[5] Siehe dazu ausführlich Maria Montessori: *Il metodo del bambino e la formazione dell'uomo*. Scritti e documenti inediti e rari, a cura di Augusto Scocchera, Roma 2002.

[6] Vgl. hierzu Helmut Konrad: *Über Friede und Friedenserziehung*, in: Das Kind, 1. Halbj. 1991, Heft 9, S. 55–64, bes. S. 56.

[7] Vgl. hierzu: Mirjam Schwegman: *Maria Montessori. Frau von Welt, Kind ihrer Zeit.* Darmstadt 2000, S. 18f.

[8] Vgl. hierzu die ausführliche Darstellung in: Winfried Böhm: *Maria Montessori. Hintergrund und Prinzipien ihres wissenschaftlichen Denkens*, 2. Aufl., Bad Heilbrunn 1991, S. 110f.

[9] Vgl. Jürgen Oelkers: *Reformpädagogik. Eine kritische Dogmengeschichte*, Weinheim 1996, S. 90.

[10] Vgl. Jan Weisser: *Das heilige Kind. Über einige Beziehungen zwischen Religionskritik, materialistischer Wissenschaft und Reformpädagogik im 19. und zu Beginn des 20. Jahrhunderts*, Würzburg 1995, S. 55f.

[11] A.a.O., S. 56.

[12] Vgl. hierzu Lothar Zahn: *Die letzte Epoche der Philosophie. Von Hegel bis Habermas*, Stuttgart 1976, S. 111.

[13] Siehe dazu Winfried Böhm: *Gnade und Erziehung*, in diesem Band.

[14] Vgl. hierzu den Artikel *Physicotheology* in: *The Encyclopedia of Philosophy*, ed. P. Edwards, London – New York, vol. 6, 1967, S. 300–305. Die Unhaltbarkeit eines physikotheologischen Beweises vom Dasein Gottes wurde nirgends treffender geführt als von Immanuel Kant in seiner *Kritik der reinen Vernunft* (Transzendentale Dialektik, drittes Haupstück, fünfter Abschnitt)

[15] Maria Montessori: *Frieden und Erziehung*, Freiburg im Br. 1973, S. 107.

[16] Maria Montessori: *Schule des Kindes*, 6. Aufl., Freiburg im Br. 1996, S. 249.

[17] Maria Montessori: *Das kreative Kind. Der absorbierende Geist*, 10. Aufl., Freiburg 1994, S. 46.

[18] Vgl. hierzu Joseph Ratzinger: *Einführung in das Christentum. Vorlesungen über das Apostolische Glaubensbekenntnis*, München 1968, S. 121f.

[19] Maria Montessori: *Schule des Kindes*, 6. Aufl., Freiburg im Br. 1996, S. 225.

[20] Maria Montessori: *Über die Bildung des Menschen*, Freiburg im Br. 1996, S. 48.

[21] Vgl. Anne Buck: *Naturgemäße Erziehung bei Pestalozzi und Montessori,* in: Günter Schulz-Benesch (Hrsg.): *Montessori*, Darmstadt 1970, S. 316–340; Zitat auf S. 339.

Maria Montessori

Die Erziehung und das Kind[1]

In den ersten Jahren, in denen meine Arbeiten über das Kind bekannt wurden, sprach man von einer „neuen Erziehungsmethode“, und es entstand eine richtige Literatur darüber, vor allem in den englischsprachigen Ländern.
Allen voran sprachen die Nordamerikaner von der „Montessori-Methode“, bald danach redeten die Engländer von einer „neuen Erziehungsmethode“ („a new method of education“). Verschiedene Wissenschaftler und akademische Laien fingen damit an, das, was sie meine Erziehungsmethode nannten, mit älteren Methoden zu vergleichen, und so entstanden Bücher wie „Von Locke zu Montessori“ oder „Montessori und Fröbel“. Erst viele Jahre später hat diese Literatur andere Titel hervorgebracht wie z.B. „Die neuen Kinder“, „Die Freiheit des Kindes“ oder „Die Befreiung des Kindes“. Es nimmt nämlich oft viel Zeit in Anspruch, bis sich eine neue Ideen durchsetzt; das ist insbesondere dann der Fall, wenn sie einer Auffassung widerstreitet, welche bereits Kastelle und Burgen auf dem ganzen Erdkreis errichtet hat.
Es sind aber weder die Erziehung noch die Methode und auch nicht das Erziehungssystem, welche unsere Aufmerksamkeit verdienen, sondern allein „das Kind“. Dieses verschwindet als Person fast völlig hinter „der Erziehung“, und das nicht nur in der Schule, sondern überall dort, wo das Wort Erziehung Einzug hält, also im Haus, in der Familie, bei den Eltern und bei allen Erwachsenen, denen eine gewisse Sorge und Verantwortung für Kinder übertragen ist. Etwas zugespitzt könnte man sagen, dass in ihrem Bewußtsein die Erziehung an die Stelle des Kindes getreten ist.
Wenn ich von Erziehung rede, meine ich damit jede Form der Beeinflussung, und ich will dabei gar keinen Unterschied machen zwischen einer liebevollen und einer harten Behandlung des Kindes, denn solche Unterscheidungen bewegen sich innerhalb des Begriffsrahmens „Erziehung“, und sie bezeichnen nur unterschiedliche Formen von ihr. Mein Konzept ist dagegen viel einfacher als jenes gewaltige Gebäude, in dem man verschiedene Methoden, unterschiedliche philosophische Grundsätze und andersartige Erziehungspraktiken miteinander vergleicht.

[1] Aus „L'Idea Montessori“, Jg.1 (1927) Nr. 1–2, S. 11. Ins Deutsche übertragen von Winfried Böhm.

Ich möchte mich von alledem lösen und auf diese Weise die Frage sehr vereinfachen. Ich möchte in den Mittelpunkt das Kind stellen, wie es sich rein und schlicht selber darbietet.

Ohne Zweifel haben wir unbewußt jenen menschlichen Kern vergewaltigt, der so rein und voller Energie hervorsproßt. Wir haben uns ihm gleichsam übergestülpt und gestehen ihm sein Bedürfnis nach geistiger Ausdehnung nicht zu. Die Seele des Kindes ist dadurch fast vollständig verborgen und von dem unbewußten Egoismus der Erwachsenen überschattet geblieben. Es mag eine nicht gerne gehörte Feststellung sein, aber man könnte durchaus sagen, dass der Erwachsene nur allzu oft ein *Hindernis* statt eine Hilfe für die Entwicklung des Kindes darstellt. Was man am schwersten eingestehen will, ist die Tatsache, dass es mitunter gerade die übertriebene Sorge für das Kind ist, die es daran hindert, seine eigenen Kräfte zu erproben und seine eigene Persönlichkeit zu entfalten. Wer sich aber in diese Frage vertieft, wird rasch verstehen, wo das wirkliche Problem sitzt. Dem Kind darf dabei geholfen werden, selber zu handeln und sich auszudrücken, aber niemals darf der Erwachsene „an seiner Statt handeln", außer es besteht dazu eine absolute Notwendigkeit. Jedesmal wenn der Erwachsene dem Kind ohne Notwendigkeit hilft, behindert er dessen Entfaltung, und als Folge dieses Irrtums, der auf den ersten Blick doch so gering und unbedeutend erscheint, bremst er in irgendeiner Weise die kindliche Entwicklung oder lenkt sie in eine falsche Bahn. Das geschieht, wenn wir in der allerbesten Absicht und mit dem ehrlichsten Willen ihm zu helfen, das Kind anziehen, es waschen, es mit Gewalt auf den Stuhl setzen, es füttern, es in jenen Käfig sperren, den wir Kinderbett nennen, usw. usw. Und wenn es älter wird, wiederholen wir dem älteren Kind gegenüber dieselben Fehler. Weil wir annehmen, es könnte ohne unsere Hilfe nichts lernen, füttern wir es nun mit intellektueller Kost, sperren es in enge Schulbänke, strengen uns an, seine moralischen Fehler auszumerzen, und brechen seinen Willen; dabei sind wir überzeugt, dass wir das alles nur zum Wohle des Kindes tun.

Eine solche Sicht der Erziehung rührt aus einem instinktiven Hochmut, über den wir uns immer mehr verwundern, je tiefer wir jenes Phänomen begreifen, das so große Auswirkungen auf das individuelle und soziale Leben hat.

Auf der einen Seite glauben wir, alles für das Kind tun zu müssen, und wenn wir alles für das Kind getan haben, dünken wir uns als seine Schöpfer. Wir wollen seine Intelligenz schaffen, seine Gefühle, seinen Charakter. Diese Wahnvorstellung steht nicht nur in scharfem Gegensatz zu dem, was wir gewöhnlich erreichen, sondern sie widerspricht auch allen unseren Lebenserfahrungen und unserem Wissen. Wir können nichts schaffen, sondern nur dem Leben helfen. Und dem Leben helfen, heißt nicht es unterdrücken, sondern seine Entfaltung erleichtern und es vor jenen Gefahren beschützen, die es einengen und schmälern könnten. Nur Gott allein kommt die Macht zu, etwas zu schaffen und hervorzubringen, und nur ihm ist die Vorsehung eigen, das Leben zu erhalten; uns Menschen obliegt es nur, dem Leben liebevoll beizustehen und seine Entfaltung zu ermöglichen. Es ist deshalb notwendig, dass wir als erstes das *Kind* betrachten, es von den zahllosen Hindernissen befreien, die seiner Entwicklung im Wege stehen, und ihm helfen zu leben. Wenn wir uns dieses grundlegenden Prinzips eingedenk sind, dann muß es zu einem fundamentalen Wandel in der Einstellung des Erwachsenen zum Kind kommen.

Seine Sorge für das Kind darf nicht abnehmen, sondern sie muß vernünftiger und bedachter werden. Der Erwachsene muß dem Kind helfen, alles von sich aus zu machen, wozu es in der Lage ist. Statt es anzuziehen, muß er es lehren, sich selbst anzuziehen; statt es zu waschen muß er ihm beibringen, wie es sich selbst wäscht; statt es zu füttern, muß er ihm zeigen, wie man allein ißt, und zwar immer vollkommener, etc., etc.

Sobald man der Entwicklung freien Lauf läßt, zeigt uns das Kind eine überraschende Aktivität und Fähigkeit, seine eigenen Tätigkeiten auf bewundernswerte Weise zu vervollkommnen. Aber die Dinge in seiner Umgebung sind gewöhnlich seinen Kräften und seiner kleinen Körpergröße so wenig angemessen, dass diese „Umgebung" sogleich ein Hindernis für seine Tätigkeit aufrichtet. Wenn der Erwachsene aufhört, sich an die Stelle des Kindes zu setzen, und wenn das Kind beginnt, von sich aus zu handeln, dann wird sofort die Notwendigkeit sichtbar, ihm eine angemessene Umgebung vorzubereiten. Die kleinen Stühlchen, der kleine Frühstückstisch, die kleinen Kleiderständer, ein kleines und farbenfrohes Waschbecken, ein niedriges Bettchen, kleine und leicht bewegliche Teppiche, einfach zu handhabende Kleidungsstücke, Teller zum Waschen, Väschen für Blumen und tausend andere Dinge, die für das Kind als „Mittel" dienen, mit deren Hilfe es eine geordnete und auf ein vernünftiges Ziel gerichtete Bewegung ausüben kann. Zweierlei muß also im Umkreis des Kindes verändert werden: die Zuwendung des Erwachsenen und die Umgebung.

Wenn wir diese Erkenntnis in das gemeinsame Zusammenleben der Kinder übertragen, also jenen Ort, den wir *Schule* nennen, dann verändert sich auch dort zweierlei: die Lehrerin und die Umgebung. Die Ursache für diese Veränderung und der maßgebende Führer bei dieser Umgestaltung ist ein und derselbe: das Kind. Unsere Aufgabe ist es, seine Persönlichkeit in das Zentrum zu rücken – es tätig sein zu lassen –, ihm zu erlauben oder besser ihm zu erleichtern, sich frei und harmonisch gemäß den Gesetzen seines Lebens zu entwickeln.

Der Stolz der neuen Lehrerin muß also darin bestehen, dem Kind zu helfen, ohne an seiner Statt für es zu handeln; den Weg zu bereiten, auf dem es spontan vorwärtsschreiten kann; die hauptsächlichen Hindernisse niederzureißen, die es aufhalten könnten; und ihre Seele gleicht sich auf diese Weise immer mehr jener tatsächlichen und ehrenhaften Demut des Hl. Johannes des Täufers an, der gesagt hat, er müsse abnehmen, damit jener zunehme.

Literatur

1. Werke Maria Montessoris in der Originalsprache mit deutschen Übersetzungen

Il Metodo della Pedagogia Scientifica applicato all`educazione infantile nelle Case dei Bambini, Cittá di Castello 1909, weitere Auflagen 1913, 1926, 1935, ab 4. Aufl. Milano 1950 u.d.T. *La scoperta del bambino*; Kritische Ausgabe unter dem ursprünglichen Titel, Roma 2000; dte. Übers. u.d.T. *Selbsttätige Erziehung im frühen Kindesalter,* Stuttgart 1913; dte. Neuausg. u.d.T. *Die Entdekkung des Kindes,* Freiburg i.Br. 1969 u.ö.

Antropologia Pedagogica, Milano o.J. (1910); engl. Übers. 1913, span. Übers. 1921; eine deutsche Übersetzung dieses grundlegenden Werkes steht immer noch aus.

Dr. Montessori`s Own Handbook, New York/London 1914; ital. Ausg. u.d.T. *Manuale di Pedagogia Scientifica,* Napoli 1921; dte. Übers. u.d.T. *Mein Handbuch,* Stuttgart 1922, 2. Aufl. 1928.

L`autoeducazione nelle scuole elementari, Roma 1916 u.ö.; teilweise dte. Übers. u.d.T. *Montessori-Erziehung für Schulkinder. I. Betätigungsdrang und Erziehung,* Stuttgart 1926; dte. Neuausg. u.d.T. *Schule des Kindes. Montessori-Erziehung in der Grundschule,* Freiburg i.Br. 1976 u.ö.

I bambini viventi nella chiesa, Napoli 1922; dt. u.d.T. *Kinder, die in der Kirche leben,* Freiburg i.Br. 1964.

Das Kind in der Familie, Wien 1923, 2. Aufl. 1929; ital. Ausg. *Il bambino in famiglia,* Todi 1936.

Grundlagen meiner Pädagogik, in: Hb. der Erziehungswissenschaften, hg. v. F. X. Eggersdorfer, München 1934, III. Teil, Bd. 1, S.265–285.

L`enfant,* Paris 1936; ital. Ausg. *Il segreto dell`infanzia, Bellinzona 1938; dte. Ausgabe u.d.T. *Kinder sind anders,* Stuttgart 1952 u.ö.

Education for a New World, Adyar (India) 1946; ital. Ausg. *Educazione per un mondo nuovo,* Milano 1970; dte. Ausg. u.d.T. *Erziehung für eine neue Welt,* Freiburg i.Br. 1998.

De l`enfant à l`adolescent, Bruges 1948; ital. Ausg. *Dall`ìnfanzia all`adolescenza,* Milano 1970; dte. Ausg. u.d.T. *Von der Kindheit zur Jugend,* Freiburg i.Br. 1966 u.ö.

To Educate The Human Potential, Adyar (India) 1948; ital. Ausg. *Come educare il potenziale umano,* Milano 1970.

What You Should Know About Your Child, Adyar (India) 1948.

Educazione e pace, Milano 1949; dte. Ausg. u.d.T. *Frieden und Erziehung,* Freiburg i.Br. 1973.

Formazione dell`uomo, Milano 1949; dte. Ausg. u.d.T. *Über die Bildung des Menschen,* Freiburg i.Br. 1966.

2. Aufsatzsammlungen mit Texten Maria Montessoris

Grundlagen meiner Pädagogik und weitere Aufsätze zur Anthropologie und Didaktik, hg. v. B. Michael, Heidelberg 1965 u.ö.

Grundgedanken der Montessori-Pädagogik, hg. v. P. Oswald u. G. Schulz-Benesch, Freiburg i.Br. 1967 u.ö.

Maria Montessori. Texte und Diskussion, hg. v. W. Böhm, Bad Heilbrunn 1971 u.ö.; 5. Aufl. u.d.T. *Maria Montessori. Texte und Gegenwartsdiskussion,* Bad Heilbrunn 1996.

Gott und das Kind, hg. v. G. Schulz-Benesch, Freiburg i.Br. 1995 u.ö.

Il metodo del bambino e la formazione dell`uomo. Scritti e documenti inediti e rari, a cura di Augusto Scocchera, Roma 2002.

3. Bibliographien

Böhm, W. (Hg.): *Maria-Montessori-Bibliographie 1896–1996. Internationale Bibliographie der Schriften und der Forschungsliteratur,* Bad Heilbrunn 1999.

Tornar, C. (a cura): *Montessori. Bibliografia Internazionale 1896–2000,* Edizione Opera Nazionale Montessori, Roma 2001 (auch auf CD-ROM).

4. Biographien

Catarsi, E.: *La giovane Montessori,* Ferrara 1995.

Heiland, H.: *Maria Montessori mit Selbstzeugnissen und Bilddokumenten,* Reinbek 1991.

Kramer, R.: *Maria Montessori. A Biography,* New York 1976; dt. u.d.T. *Maria Montessori. Leben und Werk einer großen Frau,* München 1977 u.ö.

Schwegman, M.: *Maria Montessori 1870–1952. Kind van haar tijd, Vrouw van de wereld,* Amsterdam 1999; dte. Ausgabe *Maria Montessori 1870–1952. Kind ihrer Zeit, Frau von Welt,* Darmstadt 2000.

Scocchera, A.: *Maria Montessori. Una storia per il nostro tempo,* Roma 1997.

5. Monographien und wichtige Beiträge zum Werk Maria Montessoris

Böhm, W.: *Maria Montessori. Hintergrund und Prinzipien ihres pädagogischen Denkens,* Bad Heilbrunn 1969, 2. Aufl. 1991.

Böhm, W.: *Die Montessori-Philosophie und ihre erziehungspraktische Relevanz,* in: Röhrs, H. (Hg.): *Die Schulen der Reformpädagogik – heute,* Düsseldorf 1986, S. 129–142.

Böhm, W.: *Maria Montessori,* in: Houssaye, J. (Hg.): *Quinze Pédagogues. Leur influence aujourd`hui,* Paris 1994, pp. 149–166.

Böhm, W.: Maria Montessori, in: *Klassiker der Pädagogik,* hg. v. H.-E. Tenorth, Bd. 2, München 2003, S. 74–88.
Fuchs, B./Harth-Peter, W. (Hg.): *Montessori-Pädagogik und die Erziehungsprobleme der Gegenwart,* Würzburg 1989.
Fuchs, B.: *Maria Montessori. Ein pädagogisches Porträt,* Weinheim 2002.
Harth-Peter, W. (Hg.): *„Kinder sind anders". Maria Montessoris Bild vom Kinde auf dem Prüfstand,* Würzburg 1996.
Hofer, C.: *Die pädagogische Anthropologie Maria Montessoris oder die Erziehung zum neuen Menschen,* Würzburg 2001.
Holtstiege, H.: *Modell Montessori,* Freiburg i.Br. 1977 u. ö.
Leenders, H.: *Der Fall Montessori. Die Geschichte einer reformpädagogischen Erziehungskonzeption im italienischen Faschismus,* Bad Heilbrunn 2001.
Ludwig, H. (Hg.): *Montessori-Pädagogik in der Diskussion,* Freiburg i.Br. 1999.
Schulz-Benesch, G.: *Der Streit um Montessori,* Freiburg i.Br. 1961
Schulz-Benesch, G. (Hg.): *Montessori,* Darmstadt 1980.